CARACTÉRISTIQUE
DES STYLES

ROBERT DUCHER

CARACTÉRISTIQUE DES STYLES

*Édition revue et corrigée
par Jean-François Boisset*

Flammarion

Dessins de Claudine Caruette et Pierre Lepetit

En frontispice :
Paris, bibliothèque de l'Arsenal. Boiserie du salon Boffrand.

© Flammarion, Paris, 1988
ISBN : 2-08-011539-1

AVANT-PROPOS

Conscient du large succès rencontré par la Caractéristique des styles *depuis sa publication voilà quelque quarante ans, on n'a cherché en rien, dans la présente réédition, à en modifier les principes de rédaction et de présentation.*

Selon l'habile formule choisie jadis par Robert Ducher, la juxtaposition systématique de l'illustration et d'un texte concis permettra au lecteur une identification claire et rapide des formes et, de chapitre en chapitre, des styles successifs en honneur en France ainsi que des grandes tendances européennes. Chaque style fait l'objet d'un quadruple examen : du point de vue des éléments décoratifs, de l'architecture, de la décoration intérieure et du mobilier. Enfin, pour mettre davantage en lumière leur genèse, une ou deux brèves incursions en Orient, avec l'art byzantin ou l'art égyptien, introduisent, comme dans le passé, le vocabulaire qui sera adapté ou repris beaucoup plus tard en Europe par l'art roman ou le style Empire.

A la fois précis et vocabulaire d'initiation à l'histoire des styles, le volume, de ce point de vue, n'a vu altéré en aucune manière son caractère didactique. Tout au plus a-t-on voulu réactualiser certaines formules ou modifier çà et là certains accents, à la lumière des récents travaux d'histoire de l'art.

Mais comme tel, ce précis, qui passe en revue les principaux caractères des styles, se devait d'être complet. Or, la précédente édition s'arrêtait au style Empire, peut-être en raison des prescriptions du « bon goût » en usage à l'époque. En cela, elle ne répondait qu'incomplètement à l'esprit de l'ouvrage censé dresser un tableau récapitulatif des principales tendances décoratives sans restriction aucune.

Ainsi a-t-on choisi d'ajouter à l'ouvrage de Robert Ducher quatre nouveaux chapitres qui portent sur des formes largement remises à l'honneur depuis une vingtaine d'années. Du style Restauration et Louis-Philippe aux styles Second Empire, puis du style Art nouveau du début du siècle au style Art déco des années 1925, ce complément, en réactualisant l'ouvrage, aura pour effet, espère-t-on, de couvrir l'essentiel des grandes formules décoratives qui faisaient défaut dans la précédente édition.

Jean-François Boisset

INTRODUCTION

On a déjà beaucoup écrit sur les styles. Il y a, sur la matière, de brefs manuels qui tendent à l'utilité pratique et de copieux traités qui scrutent les origines et les raisons des formes. L'ouvrage que l'on présente ici possède son originalité. L'auteur n'y expose aucune philosophie, aucune esthétique, aucune théorie; tel n'est pas son propos. Il se borne à noter les phénomènes formels apparus, aux différentes époques, dans l'architecture et dans la décoration des différents pays, phénomènes qui sont tantôt de l'ordre spirituel, comme les proportions et les formules stylistiques, tantôt de l'ordre matériel, comme les éléments ornementaux empruntés à la nature ou démarqués d'ailleurs, phénomènes qui ont une vie particulière. Ils naissent, prolifèrent et meurent dans certaines conditions comme des êtres animés. Ils participent, en effet, à la vie sociale et morale, ils lui sont directement associés, ils l'expriment avec une remarquable fidélité. Ils offrent une image photographique de l'évolution du goût, laquelle marche du même pas inégal, imprévoyant, aveugle que l'évolution des mœurs.

L'auteur de cette *Caractéristique des styles* a-t-il voulu laisser à son lecteur la satisfaction de démêler lui-même les liens subtils des influences diverses qui ont dans le passé déterminé les modes qu'on appelle des styles parce qu'elles se sont installées? Qu'est un style, en effet, sinon une mode qui a réussi? Que le lecteur se garde de négliger les époques lointaines sous prétexte qu'elles sont vraiment périmées. L'Égypte était bien morte, avant la campagne de 1798; elle gisait, énigmatique dans ses tombeaux sacrés, enfermée dans le secret inexpugnable d'une langue oubliée. Cependant c'est d'Égypte qu'allait venir, à l'aube du xixe siècle, un renouvellement notable du style ornemental français. La Chine, au moins aussi mystérieuse, protégée par son idiome, par ses coutumes, par son éloignement même, n'est-elle pas l'inspiratrice de plusieurs véritables révolutions du goût, en France, en Allemagne, en Hollande, en Espagne? Faut-il évoquer l'arrivée des caraques portugaises chargées des « besognes » de « la Chine » qui dès le xve siècle initiaient les artistes aux sortilèges d'un art si différent des nôtres? Et les « pagodes » et les « Magok » chinois imités par les faïenciers de Delft, de Nevers, de Rouen, par les porcelainiers de Meissen, enfin par ceux de Vincennes qui se transporteront à Sèvres ne sont-ils pas les originaux d'un goût qui devint un style? De multiples échanges d'influences se sont opérés entre les nations de la Renaissance à l'Empire, déterminant en France, en Espagne, dans les Flandres, un art modelé sur l'Italie, tandis que la mesure française allait tempérer les originalités trop marquées des formules étrangères : le moyen d'étudier les caractéristiques des styles sans traiter le problème des réciprocités?

Le recueil qui les précise ouvre d'autres horizons à l'homme d'étude. Il l'introduit dans l'intimité, dans la nature intellectuelle des peuples. On est frappé de voir les plus anciennes manifestations de l'art chercher à styliser la réalité. Ce n'est pas la feuille de lotus, ni la fleur du papyrus que l'Égyptien des premières dynasties copie avec ses pinceaux ou taille au chapiteau de ses colonnes : c'en est une interprétation. L'homme des origines cherche à définir en traits décisifs et généraux l'objet dont il veut transmettre la notion. Il est classique par objectivité. Quelques traits essentiels signifiant le relief, le volume et le mouvement lui suffiront. C'est beaucoup plus tard, au cours de l'évolution des sociétés, qu'il notera des détails. A ce moment, l'artiste, le virtuose, prendra la place de l'informateur. Il n'aura plus pour dessein de communiquer à d'autres hommes des connaissances acquises sur les êtres et les choses, mais de manifester son habileté. Bientôt l'unique soin du verbalisme, du graphisme ou du chromatisme sonore sera la loi de l'art : il ne sera plus question de dire des choses nécessaires, mais de se faire une manière originale de dire — sans considérer avec Vauvenargues qu'« on dit peu de choses solides lorsqu'on cherche à en dire d'extraordinaires ».

L'auteur du présent ouvrage consacre d'importants développements à l'art qu'on appelle gothique, encore que les Goths ne soient pour rien dans sa création. Il est d'un double intérêt d'en observer les révolutions successives parce que c'est un style directement issu de notre sensibilité et que sa longue évolution, échelonnée sur quatre siècles, reflète exactement celle de l'intelligence occidentale. A l'origine, il est objectif, sobre et concis. Il emprunte à la nature, mais en en résumant les formes. Au XIVe siècle, maître de ses moyens, sûr de sa pensée, sachant à quoi limiter le rendu de la réalité, il la traduit avec autorité. Il choisit, il châtie, il épure. Bientôt, le XVe siècle commencé, le styliste abattra les barrières que ses devanciers avaient respectées. Son outil aigu, pathétique, douloureux, cherchera les expressions intenses, véhémentes, les émouvants contrastes des ombres et des clairs. Le rythme serré des réseaux et des lacis meublés de rosaces et de fenestrages lancéolés, traduit le tourment des âmes et l'appétit d'infini des esprits. La caractéristique des styles, en effet, ne consiste pas dans un répertoire d'éléments ornementaux qui, d'ailleurs n'appartiennent pas en propre aux différentes époques de l'art : nombre d'entre eux reparaissent à maintes reprises à travers les âges; c'est bien plus la manière d'interpréter la forme et le son que rendent ces interprétations qui caractérisent les styles. Un mascaron de Trianon fait en 1710 est une tout autre chose qu'un mascaron de Versailles, qui date de 1680. Et la même figure de nymphe ou de chèvrepied qu'aura sculptée l'époque de Louis XVI offrira, si fidèlement qu'elle imite son original du temps de Louis XIV, un caractère élégant, désinvolte et léger tout différent de la placidité quelque peu massive du grand siècle. L'histoire des styles, c'est celle du goût, mais aussi des réactions de la sensibilité aux événements contemporains. Comment donc la suivre avec précision si l'on ignore l'histoire des mœurs — et de la société?

Certaines de ces révolutions posent des problèmes infiniment complexes. Si le passage du style gothique à l'italianisme archaïsant du xvie siècle trouve son explication, dans les rapports à la fois politiques et militaires qu'entretinrent la France et l'Italie sous Charles VIII et Louis XII, la transition du roman au gothique est beaucoup plus obscure. Il est évident qu'un état d'esprit tout autre se manifeste alors dans l'art qui s'élabore. Au formalisme hiératique succède une objectivité dont sont empreintes aussi bien l'étude de la nature végétale que celle de la figure humaine. Quel singulier rejet des formules anciennes s'est-il donc opéré? Quand, où, comment s'est-il accompli? Les monuments contemporains datés offrent, évidemment, un intéressant jalonnement de ce renouveau prodigieux. Mais se tient-on vraiment pour satisfait quand on a relevé la date à laquelle le décor roman des billettes ou des chevrons s'est effacé pour la première fois devant la flore naturaliste des « gothiques »? Pourquoi, tout d'un coup, à la même époque, cet abandon d'un style magnifique et plein d'apparente vitalité s'est-il consommé? A quel mobile profond l'effort de renouvellement qui s'est produit alors obéissait-il? L'histoire de l'art est encore pleine de mystères, et le savoir congelé des érudits est loin d'avoir tout éclairé. De toute évidence un recueil comparatif des caractéristiques des styles ne suffira pas à dissiper ces ténèbres : du moins la confrontation des monuments des époques successives révélera-t-elle ou la brutalité de la rupture ou la facilité de la transition : car en bien des cas les révolutions stylistiques se sont effectuées sans heurts, et le style postérieur était installé bien avant qu'on eût pris soin de noter les légers changements qui devaient déterminer la transformation totale des formules antérieures.

Et cependant il semble qu'une sorte de loi du pendule règle l'évolution des styles, au moins en France, et qu'à chaque période naturaliste succède bientôt un formalisme nouveau qui ramènera derechef le goût du naturel. Mais il convient d'observer que le vérisme particulier au génie français est rarement marqué de crudité, moins encore de vulgarité. Le grand siècle, sous la docte férule de Le Brun, s'ingéniait à retrouver la noblesse de l'antique; et quand ses ornemanistes sculptèrent de légers motifs floraux ses admirables boiseries, c'est un art étonnamment véridique et frais que l'outil ranima, non moins savoureux qu'au Moyen Age, et non moins choisi. Plus tard, l'archéologie dérobe-t-elle ses secrets à Pompéi, et les décorateurs de 1750 s'ingénient-ils à ressusciter tout à la fois l'antique, le style Louis XIV et la Renaissance, telle était la qualité du dessin en cette époque heureuse que les rais de cœur, les pilastres et les entrelacs du répertoire classique associent la richesse à l'élégance d'une manière caractéristique. En ce cas non plus, les éléments ornementaux ne suffiraient pas à particulariser le style de cette époque : tous, ou peu s'en faut, viennent des formulaires antérieurs. C'est l'art de les traiter qui leur confère leur sens.

Il y aurait assurément un traité curieux à composer, qu'on pourrait intituler l'histologie des motifs ornementaux. Il est à remarquer que les époques successives qui ont tiré leur style de l'érudition opèrent, dans le trésor où elles puisent, un choix très exclusif. Les motifs ornementaux ont aussi leur destinée : tel d'entre eux qui plut au grand siècle a perdu toute séduction pour le règne de Louis XVI qui, cependant, pastiche exactement les formules du temps de Louis XIV. La nature elle-même est l'objet de préférences momentanées extrêmement capricieuses. Le connaisseur distingue la date d'un motif floral non pas seulement à son interprétation, mais à la présence des éléments qui le composent. Il y aurait à fixer dans le traité dont on esquisse là le programme idéal, l'état civil de chaque motif, depuis son entrée dans le vocabulaire décoratif, jusqu'à son éviction, par épuisement ou satiété. Cette mise au point considérable, qui supposerait un travail de fiches immense, et une mise en œuvre des plus difficiles en raison du caractère imprécis des datations qu'on croirait d'abord les plus certaines, sera-t-elle un jour commencée par une phalange d'érudits?

Le manuel qu'on présente ici l'annonce, dans une certaine mesure. Il en propose en tout cas le résumé utile et positif. Qui le feuillette voit défiler sous ses yeux toute l'invention décorative du monde, et la valeur d'information d'un tel ouvrage s'accompagne d'une valeur philosophique. Le savant y apprend que l'érudition purement livresque ne lui fait comprendre ni le mystère de l'art ni les secrets du style. Par contre l'empirique découvre la fragilité d'une pratique que n'éclaire pas une certaine connaissance de ce qui fut la vie du passé. Mais on y fait une autre découverte; on y constate l'extrême pauvreté de notre imagination. Les hommes, depuis qu'il en est et qui dessinent, n'ont trouvé qu'un fort petit nombre de motifs décoratifs; sur ce fonds commun vivent les milliers d'artistes qui créent et composent de par le monde. On en est à dissuader les chimériques de tenter de l'enrichir ou de le renouveler, tant les inventions nouvelles ont été pauvres, et sévère l'accueil qui leur fut fait : témoin l'ordre français réclamé par Colbert. Et cependant, jusqu'à notre temps, des styles originaux s'étaient élaborés dont il est impossible de contester le caractère cohérent et logique. Le monde moderne serait-il frappé de stérilité? Faut-il croire, avec Barrès, que notre temps laissera beaucoup de noms et très peu d'œuvres? Ou bien, avec Emile Gallé — dernier en date des décorateurs de génie — que nous découvrons l'existence d'un style nouveau quand il relève déjà de l'histoire et déjà fait place à celui qui le remplacera?

Guillaume Janneau

CARACTÉRISTIQUE
DES STYLES

On situe les débuts de l'histoire égyptienne vers 2 850 avant Jésus-Christ. L'invention de l'écriture coïncide avec le règne des premiers pharaons sur la totalité de l'Égypte. De la protohistoire on a conservé des objets (couteaux, palettes à fard) qui montrent le travail de l'ivoire, de l'or et de la pierre vernissée. Au nombre des principales divisions des quelque trois mille ans d'histoire égyptienne, on distingue d'abord l'*Ancien Empire* ou époque memphite (2 650-2 190 environ), illustré par le site de Sakkarah. Succède une période intermédiaire (2 190-2 000) puis le *Moyen Empire*, qui représente la phase classique de l'art égyptien, suivie par une seconde période intermédiaire marquée par les invasions des Hyksos. En 1 580, débute le *Nouvel Empire :* de cette époque subsiste le trésor de Toutânkhamon. Avec la *Basse Époque*, on entre vers 1 085 dans une période agitée jusqu'à l'invasion du pays par Alexandre en 332 (avant J.-C.). Lui succèdent les Lagides, puis les Romains à la mort de Cléopâtre en 30 avant Jésus-Christ.

Couronnes. — L'Égypte se constitue en deux royaumes : la Basse Égypte (delta du Nil) et la Haute Égypte. Les attributs pharaoniques sont nombreux. On distingue la couronne rouge du Nord (A), la couronne blanche du Sud (B), et le Pschent (C) qui marque la réunion des deux royaumes.

Horus. — Le faucon, maître du ciel, dont les yeux symbolisent la lune et le soleil, est un des aspects de *Rè* (le Soleil) représenté par un disque rouge.

Uraeus. — Autre aspect de Rè, le serpent peut détruire comme le soleil peut également consumer.

Scarabée. — Le scarabée (ou Khepri) pousse devant lui le disque solaire dans sa course diurne. Il est symbole de renaissance et de vie.

Hathor. — Déesse de la musique, de l'amour et de la joie, elle apparaît sous l'aspect d'une vache ou sous l'aspect d'une figure humaine affublée de cornes et d'oreilles. On la trouve avec ses attributs sur les *colonnes hathoriques*.

Bas-reliefs. — La plupart des édifices ont leurs murs couverts d'hiéroglyphes et de bas-reliefs, souvent taillés en cuvette.

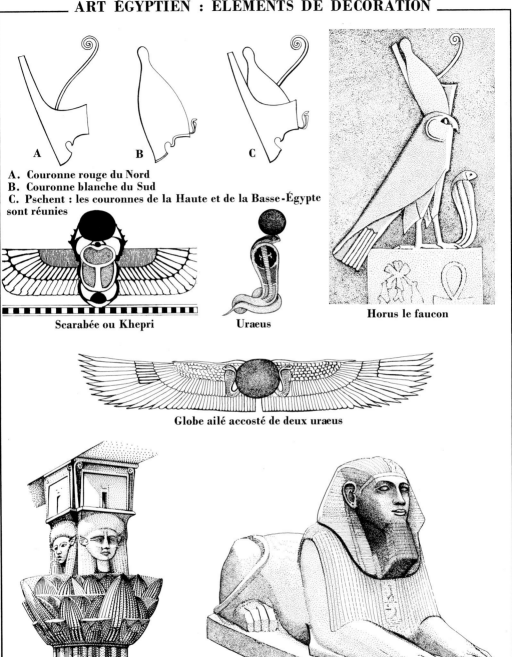

A. B. C.

A. Couronne rouge du Nord
B. Couronne blanche du Sud
C. Pschent : les couronnes de la Haute et de la Basse-Égypte sont réunies

Scarabée ou Khepri

Uraeus

Horus le faucon

Globe ailé accosté de deux uræus

Chapiteau hathorique

Sphinx

L'Égypte est un des plus anciens foyers d'architecture. Les lignes horizontales dominent et les toitures *roof* sont toujours en terrasse. Puissance et stabilité sont les caractères principaux de cette architecture monumentale. Les tombes royales, celles des hauts fonctionnaires et les temples solaires ou divins sont les édifices essentiels qui nous sont parvenus.

MASTABA. — Dans l'architecture funéraire, c'est le type de tombeau le plus ancien. En pierre ou en brique, il a l'aspect extérieur d'un massif oblong aux murs talutés.

PYRAMIDE. — Elle apparaît sous l'Ancien Empire : elle est alors à degrés. Par la suite celles de Chéops, de Khéphren et de Mykérinos auront des parois lisses.

HYPOGÉE. — Autre type de tombeau souterrain creusé dans les falaises, comme ceux de la vallée du Nil ou ceux de la vallée des Rois à l'ouest de Thèbes au Nouvel Empire.

PYLONES. — L'entrée des temples est flanquée de deux massifs trapézoïdaux appelés « pylônes ». On y accède par une allée de sphinx *(dromos)*. Cette entrée est précédée de deux obélisques et des statues des rois. Les surfaces murales sont ornées de bas-reliefs et de mâts à longues banderoles.

TEMPLE. — On pénètre d'abord dans une cour entourée de colonnes (Edfou : C). Ensuite venait la salle hypostyle (H) qui donnait accès par différentes salles au sanctuaire où se trouvait la statue du dieu. La hauteur des salles allait en diminuant, créant une obscurité croissante.

SUPPORTS. — L'ordre *protodorique* marque sous l'Ancien Empire la transition entre le pilier et la colonne. La colonne *palmiforme* est inspirée du palmier. Dans la colonne *lotiforme*, le fût reproduit plusieurs tiges attachées par un lien tandis que le chapiteau représente un bouquet de lotus en corolles fermées. Les tigelles intercalées entre les tiges sont des boutons naissants. Le fût de la colonne *papyriforme* (du papyrus) est également fasciculé cette fois en arête vives. Lorsque les ombelles sont ouvertes, le chapiteau est dit *campaniforme*.

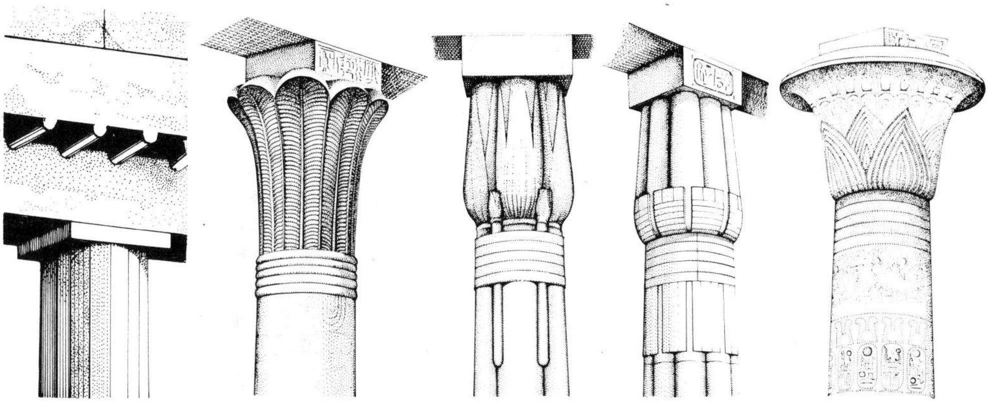

Chapiteaux :
protodorique

palmiforme

Colonnes : lotiforme, papyriforme, campaniforme

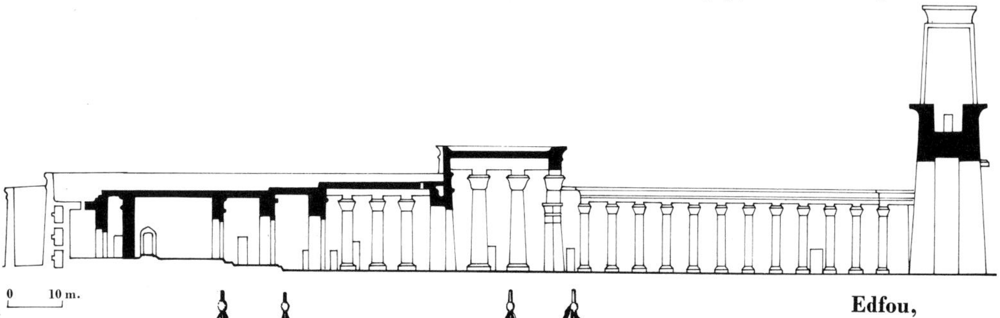

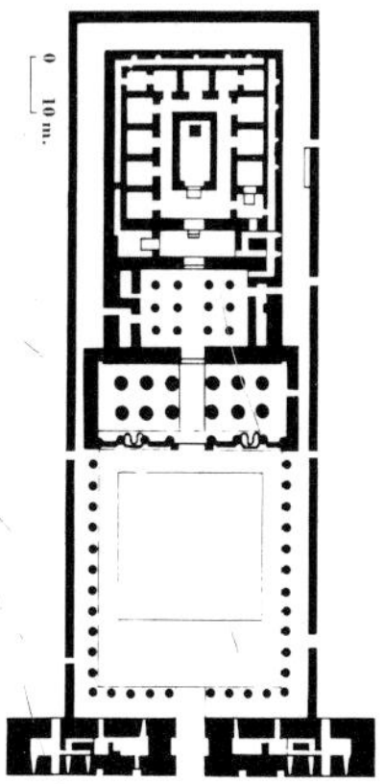

Edfou,
temple d'Horus,
coupe et plan

0   10 m.

Pylône d'un temple

L'art grec connaît le sommet de son développement entre le VIe et le IVe siècle avant Jésus-Christ.

L'architecture grecque est une architecture logique et rationnelle qui consiste en linteaux sur colonnes. Deux traverses de pierre relient les colonnes. L'ensemble de ces traverses est l'« architrave ».

On appelle « ordres » l'ensemble formé par des colonnes soutenant un entablement. Les ordres grecs sont un exemple d'harmonie rythmée, c'est-à-dire que les dimensions de l'ensemble sont subordonnées à une commune mesure prise dans l'édifice et qui est le diamètre ou le rayon moyen de la colonne. Ainsi les colonnes du Parthénon ont cinq diamètres et demi de hauteur.

Les trois ordres grecs sont le dorique, l'ionique et le corinthien. Toutefois ce dernier appartient plutôt à l'art romain.

L'ordre dorique grec, dont le Parthénon est le type, réalisa l'expression la plus parfaite de l'harmonie des proportions. Il est austère, puissant, robuste. Beauté et raison sont étroitement liées dans une colonne dorique : elle repose directement (sans base) sur le soubassement (stylobate). Le problème consistait à passer du fût conique à l'architrave quadrangulaire. Pour obtenir ce passage, on a recours à un chapiteau d'une simplicité extrême : un plateau, « tailloir » ou « abaque », posé sur une sorte de coussin, « échine » dont le profil, à la belle époque, est d'une fermeté admirable. Aucun décor ni dans l'échine ni dans le tailloir ne vient contrarier le rôle de support de la colonne sous l'entablement. Celui-ci comprend l'architrave, la frise et la corniche. La frise est divisée en « triglyphes » et en « métopes » qui sont des souvenirs de la construction en bois. Aux têtes de solives correspondent les triglyphes; et aux vides entre les solives correspondent les métopes. Les « gouttes » figurent les chevilles qui, dans la construction en bois, servaient à fixer les planchettes. La corniche comprend le « larmier » soutenu par les « mutules » et recevant sur la « cimaise » le fronton et ses deux rempants. Les temples comprenaient le « pronaos », le « naos » (demeure du dieu) et l'« opisthodome » (trésor).

Les principaux temples doriques sont en Grèce : le temple de Thésée et le Parthénon, à Athènes, les temples d'Olympie, d'Égine, de Bassæ, d'Éleusis, de Délos. En Sicile, et en Italie, ce sont ceux de Paestum, de Sélinonte, d'Agrigente, de Syracuse.

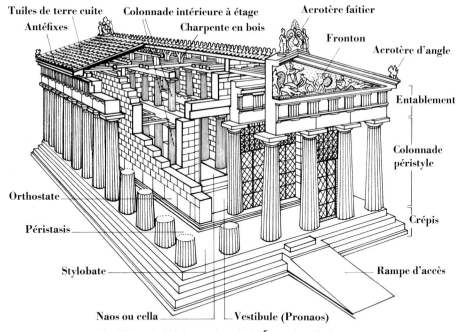

Tuiles de terre cuite

Antéfixes

Colonnade intérieure à étage

Charpente en bois

Acrotère faîtier

Fronton

Acrotère d'angle

Entablement

Colonnade péristyle

Orthostate

Crépis

Péristasis

Stylobate

Rampe d'accès

Naos ou cella

Vestibule (Pronaos)

Temple d'Athéna Aphaia à Égine (v. 490)

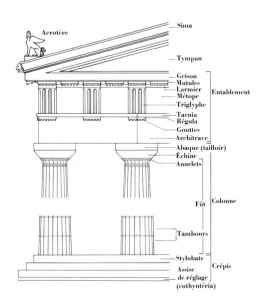

Acrotère

Sima

Tympan

Geison

Mutules

Larmier

Métope

Triglyphe

Taenia

Régula

Gouttes

Architrave

Entablement

Abaque (tailloir)

Échine

Annelets

Fût

Colonne

Tambours

Stylobate

Assise de réglage (euthyntéria)

Crépis

Ordre dorique avec son entablement

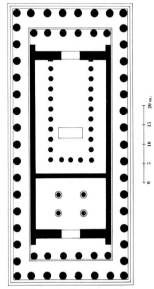

20 m.

15

10

5

0

Plan du Parthénon

Temple de Thésée à Athènes
(465 avant J.-C.)

L'« échelle » est le rapport des proportions entre les parties et le tout.

Ce rapport est établi suivant une commune mesure appelée « module » et qui est le diamètre (ou le rayon moyen) de la colonne.

Grâce à cette unité composante, les Grecs (et les Romains) ont obtenu une admirable harmonie rythmée.

Tous les temples n'ont pas les mêmes proportions et le nombre de diamètres donnés aux colonnes varie suivant les époques. — Certains styles ont quatre diamètres; ceux de l'apogée de l'art grec, au Ve siècle comme le temple de Thésée, le Parthénon, les Propylées ont cinq diamètres et demi.

Le temple de Thésée est un temple « périptère *hexastyle* », c'est-à-dire que les colonnes se prolongent latéralement (périptère) et qu'il y a six colonnes en façade (hexastyle). L'entrecolonnement, c'est-à-dire la distance entre les colonnes, était soumis à certaines lois : l'intervalle de deux diamètres un quart était considéré par les Grecs comme le plus beau et le plus solide.

À l'austérité de l'ordre dorique succède la grâce de l'ordre ionique. Les colonnes sont plus sveltes et ont toujours une base.

Tantôt c'est la *base attique* (Érechthéion) tantôt c'est la *base ionique* (Victoire Aptère). La base attique est formée de deux tores séparés par une scotie à cause de l'ombre que projette le tore supérieur. Le *chapiteau* est un exemple de l'expression de la fonction de chaque membre de l'architecture, une des qualités du génie des Grecs. En effet, le rôle de soutien ou de support s'exprime ici par la courbure reliant les deux volutes; cette courbure donne l'impression d'un ressort fléchissant sous le poids de l'entablement. Le chapiteau de l'Érechthéion, avec son « gorgerin », est célèbre pour la richesse et le goût de son ornementation.

L'entablement comprend une architrave divisée en trois bandes faisant saillie, une frise décorée de bas-reliefs, une corniche avec son larmier et sa cimaise décorée. On remarquera la richesse de l'entablement ionique contrastant avec la robuste simplicité de l'entablement dorique. Dans la tribune des Cariatides de l'Érechthéion, la frise disparaît et repose directement sur l'architrave dont elle est séparée par une rangée de denticules. Une disposition analogue se rencontre dans les temples d'Asie Mineure mais la frise est maintenue. Les *cannelures* des fûts des colonnes, au lieu d'être séparées par une arête vive comme dans l'ordre dorique, sont séparées par une côte.

PRINCIPAUX ÉDIFICES. — L'Érechthéion à Athènes, les tempes d'Athéna Niké à Athènes, d'Artémis à Éphèse, d'Apollon, près de Milet.

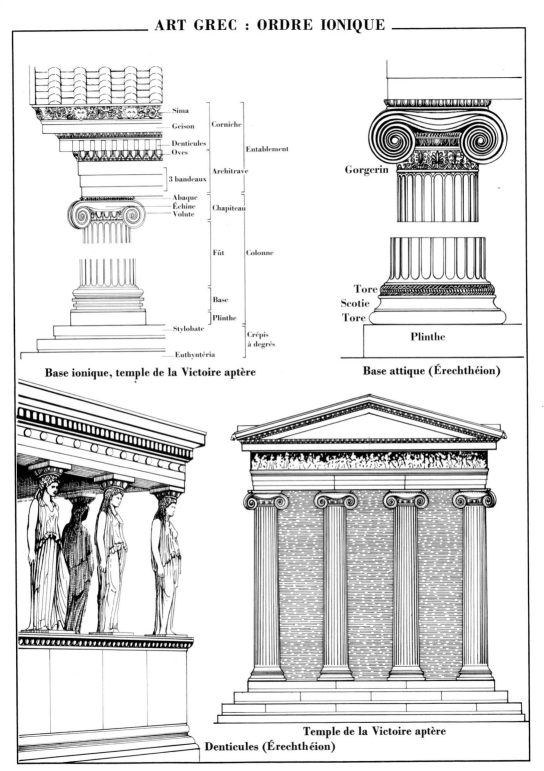

Sima
Geison
Denticules
Oves

Corniche
Entablement
Architrave

3 bandeaux

Abaque
Échine
Volute

Chapiteau

Fût   Colonne

Base
Plinthe

Stylobate
Euthyntéria

Crépis
à degrés

Base ionique, temple de la Victoire aptère

Gorgerin

Tore
Scotie
Tore

Plinthe

Base attique (Érechthéion)

Temple de la Victoire aptère

Denticules (Érechthéion)

ANTÉFIXE. — La couverture des temples consistait en grandes tuiles plates. En tête de chaque rangée on fixait une tuile ayant la forme d'une stèle et décorée de palmettes : c'est l'antéfixe.

ACROTÈRE. — Au sommet et aux extrémités du fronton des temples, on posait un ornement appelé acrotère et qui présentait des formes très variées : vases, victoires, etc.

CHÉNEAUX. — Pour orner les chéneaux recevant les eaux de pluie, on disposait des têtes de lions qui rejetaient l'eau par leur gueule.

PORTES. — Aucune porte ne nous est parvenue, à l'exception de celle de l'Érechthéion. Elle est surmontée d'un linteau à corniche reposant sur deux consoles dont le profil est admirable. Les quatre chambranles sont ornés de rosaces.

OLIVES ET PIROUETTES. — On trouve, au-dessus et au-dessous de la rosace, le motif consistant en un chapelet d'olives séparées par deux disques renflés appelés pirouettes.

OVES. — Cette suite d'ornements ayant la forme d'un œuf et séparés par une lancette ou une flèche est un des plus répandus.

PALMETTES ET LOTUS. — On rencontre très fréquemment une alternance de palmettes de deux sortes différentes ou de bouquets de lotus et de palmettes.

RAIS-DE-CŒUR. — On désigne sous ce nom des fleurs d'eau séparées par des fléchettes.

GRECQUES OU MÉANDRES. — La variété de ces combinaisons de lignes droites interrompues est infinie.

FRISES. — Dans les vases peints les frises d'animaux sont stylisées avec beaucoup d'art et d'ingéniosité. Les formes allongées épousent les formes arrondies. L'alternance de palmettes et de bouquets de lotus dessinés avec un peu de sécheresse ornent les frises des mosaïques.

MOULURATION (syn. : MODÉNATURE). — On désigne sous ce nom l'ensemble des moulures. Celles-ci sont concaves : scoties, ou convexes : tores ou à la fois convexes et concaves comme dans la doucine. Jamais l'ornement n'altère la pureté du profil de la moulure mais il s'allie avec le profil qu'il accentue.

Antéfixe   Acrotère   Chéneau

Porte de l'Érechthéion :   consoles   oves, olives, rosaces
Palmettes   fleurs de lotus   Rais-de-cœur

Grecques   Frises

Arc et plates-bandes. — A l'architecture des Grecs, les Romains associent l'arc et un sens heureux de l'architecture utilitaire. Si les Romains ont emprunté parfois aux Grecs la construction par blocs de pierre, le plus souvent ils ont eu recours à la concrétion en mortier. Parfois ils ont recouvert ce béton de plaques de marbre ou de stuc.

Ordres. — Aux Grecs, les Romains empruntent les ordres dorique et ionique, mais ils leur enlèvent souvent leur caractère constructif pour n'en faire qu'un décor : le Colisée et les arcs de triomphe en sont autant d'exemples. Les ordres sont souvent superposés (Colisée). Dans le dorique romain les colonnes ont une base, l'architrave est à l'aplomb de la colonne au lieu de faire saillie. La frise est souvent ornée de « bucranes » qui sont des crânes de bœufs aux cornes enguirlandées. L'ionique romain a un chapiteau dont les volutes sont plus petites; l'entablement est plus riche, la base est la base attique. Le corinthien est l'ordre romain par excellence : le chapiteau, d'un aspect métallique, est composé de rangées de feuilles d'acanthe molle dont l'extrémité est légèrement arrondie. L'abaque est concave et chaque angle repose sur deux feuilles réunies. L'entablement est d'une richesse extrême : la corniche est enrichie de modillons de caissons sculptés.

L'ordre composite est l'alliance de l'ionique et du corinthien; on le rencontre dans les arcs de triomphe.

Principaux édifices. — Les *temples* ne sont plus entourés de marches, comme chez les Grecs; elles ne subsistent qu'au portique d'entrée. Latéralement ce n'est plus une colonnade, mais des colonnes engagées dans les murs (Nîmes, Maison carrée). *Thermes* et *amphithéâtres* étaient nombreux et de dimensions imposantes. Les *arcs de triomphe* érigés aux empereurs ou aux généraux victorieux consistaient en un seul arc ou bien en un grand arc au milieu et deux autres plus petits (arc de Constantin, à Rome). Décorés de bas-reliefs, et de statues, ils se terminaient par un attique important supportant parfois un quadrige. Les colonnes corinthiennes étaient parfois détachées ainsi de leur entablement.

Les *basiliques* étaient des bourses de commerce et des palais de justice. A Rome s'élève enfin la plus ancienne coupole monumentale héritée de l'Antiquité : le Panthéon reconstruit sous Hadrien (1er siècle après J.-C.).

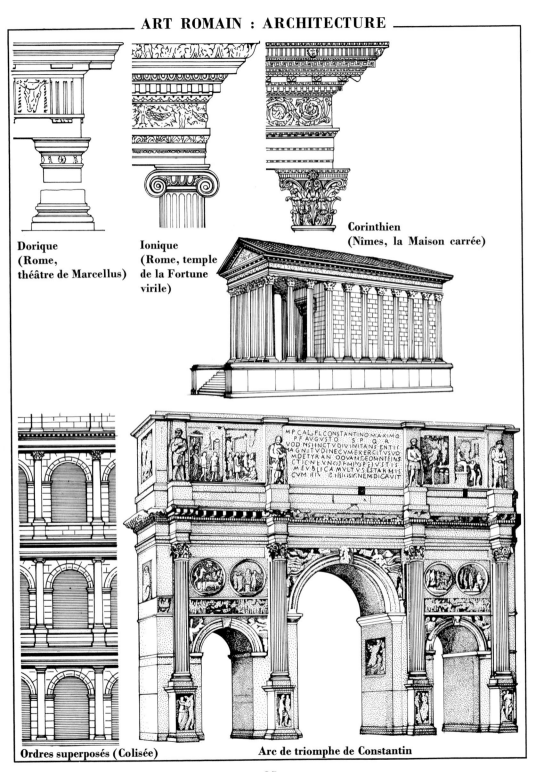

**Dorique
(Rome,
théâtre de Marcellus)**

**Ionique
(Rome, temple
de la Fortune
virile)**

**Corinthien
(Nîmes, la Maison carrée)**

Ordres superposés (Colisée)

Arc de triomphe de Constantin

Le Colisée à Rome
(amphithéâtre Flavien, 70 à 82 après J.-C.)

Le Colisée est peut-être le plus bel exemple de l'association de l'arc avec la plate-bande. Les trois ordres superposés (dorique, ionique, corinthien) sont plaqués contre les murs entre les arcades; ils ont leur entablement complet. Ces trois ordres ne sont ici qu'un décor.

Il y a, en architecture, une « inutile beauté ». En effet, ici, on pourrait, sans inconvénient pour la stabilité, supprimer ces trois ordres; mais alors, que resterait-il de cette admirable composition?

L'architecture commence avec l'habillage de l'ossature.

A la sobriété, au goût discret de la décoration grecque, les Romains ont préféré une richesse qui, après Auguste, devient de la surcharge.

VICTOIRES. — Les écoinçons des arcs de triomphe sont souvent ornés de « Victoires » ailées dont les pieds reposent sur un globe. Dans le style du Premier Empire en France, on retrouvera ce motif comme d'ailleurs beaucoup d'autres motifs romains.

ROSACES ET COURONNES. — Les rosaces ornent souvent le centre des caissons des voûtes; elles consistent en feuillages autour d'un bouton. Les couronnes, souvent d'un beau travail, ont l'aspect lourd; le plus souvent il y a deux rubans à la partie inférieure et qui se développent de chaque côté.

AIGLES. — Souvent présentées de face, les aigles romaines ont en général les ailes tombantes et la tête de profil.

RINCEAUX. — Ces enroulements de feuilles d'acanthe autour d'une rosace ont souvent comme départ un torse d'Amour ailé dont la partie inférieure se prolonge en un culot de feuillage.

PORTES. — Une des rares portes qui nous soient parvenues est celle du Panthéon à Rome. Elle est en bronze (autrefois doré); de chaque côté est un pilastre et la partie supérieure est grillagée.

BUCRANES. — On désigne sous ce nom des crânes de bœufs dont les cornes supportent des chutes de feuillages. Ils ornent les métopes des frises de l'ordre dorique (théâtre de Marcellus).

GUIRLANDES. — En général assez lourdes, elles relient des figures d'Amours ailés alternant avec des candélabres; on les rencontre souvent ornant les frises dans l'ordre ionique (temple Fortune Virile).

Frise, départ de rinceau
(Jupiter Stator)

Caisson (Jupiter Stator)   Couronne (musée d'Arles)   Aigle (colonne Trajane)

Figures allégoriques (arc de Titus)

L'art décoratif gréco-romain nous est surtout connu grâce aux vestiges d'Herculanum et de Pompéi. Il est plus grec que romain, notamment dans les peintures décoratives. Les Romains d'ailleurs ont employé des artistes grecs.

FRESQUES. — Dans un grand nombre de fresques pompéiennes on distingue de grands panneaux avec, au centre, un petit motif allégorique; il y a fréquemment une sorte d'architecture feinte, avec des colonnes d'une légèreté irréalisable et l'ensemble est très confus et d'un aspect grêle. Les petits motifs exécutés hâtivement sont traités avec esprit. Les couleurs dominantes sont l'ocre, le noir et le rouge brun.

STUCS. — Il nous est parvenu un certain nombre de stucs appartenant à l'art romain; ces reliefs sont pour la plupart dans les tombes de la voie Appienne, à Rome. Ces reliefs, alliés à des peintures, représentent souvent des sujets fantaisistes et mythologiques réunis en arabesques ou en combinaisons géométriques : ce sont les « grotesques ».

MOBILIER. — Les sièges grecs sont très rares : celui du théâtre de Dionysos, à Athènes, nous est parvenu. Il est en marbre; son dossier est orné de cols de cygnes et il repose sur des griffes de lions. Les sièges romains sont également rares : le musée du Louvre en conserve plusieurs en marbre : la tablette est soutenue et accostée par deux monstres ailés à corps de femmes ou de griffons. Les tables en marbre ou en métal nous sont seules parvenues. A Pompéi, dans la maison de Cornelius Rufus est conservée une belle table en marbre dont les supports massifs sont deux griffons. Le musée de Naples conserve des tables pliantes en bronze provenant de Pompéi.

Les trépieds servaient d'autels portatifs; ils consistaient en un bassin en bronze reposant sur un trépied en métal et qui servait au vin des libations ou à l'encens.

Le luminaire consistait en lustres, lampes, candélabres. Les lustres présentaient souvent la forme d'une coupe à becs multiples. Les candélabres reposaient sur trois pieds en griffes et recevaient au sommet une lampe.

Fresques à Pompéi

Bas-reliefs en stuc (Rome)

Siège grec (Athènes)

Siège romain (Louvre)

Trépied et lustre (Naples)

Table (Pompéi)

Candélabre

31

Si le foyer principal de l'art byzantin fut à l'origine Byzance (Constantinople), son domaine comprend l'Asie Mineure, la Syrie, l'Italie, la Grèce, les Balkans et la Russie. L'appellation « art chrétien d'Orient » serait plus exacte. Son réel développement débute avec la conversion de l'empereur Constantin et la proclamation en 325 du christianisme comme religion d'État, son plein épanouissement s'étend du VIᵉ au XVᵉ siècle.

ARCHITECTURE. — L'église Sainte-Sophie à Constantinople est l'édifice type de l'art byzantin. Construite sur plan central; une grande coupole centrale est contrebutée par deux demi-coupoles; il en résulte une vaste nef de trente et un mètres de diamètre. Plus tard, en Italie, le principe du plan central est appliqué à Saint-Vital de Ravenne, mais en adoptant la forme octogonale.

A l'extérieur la grande coupole centrale ayant une forme déprimée n'est pas d'un heureux effet. Aussi, par la suite, on cherche à donner de la légèreté à la coupole qu'on pose sur un tambour polygonal assez élevé comme à la Petite Métropole d'Athènes. Le plan en croix grecque eut une grande vogue : d'abord il n'y eut qu'une seule coupole; mais bientôt on adopta les cinq coupoles dont une au centre et les autres sur les quatre branches de la croix. Saint-Marc de Venise en est l'exemple le plus connu.

Le plan basilical, hérité des édifices civils des forums antiques, est une surface rectangulaire divisée par deux rangées de colonnes en trois nefs de hauteur et d'importance inégales couvertes en charpente, et terminée par une abside demi-circulaire. On remarquera dans les colonnes de cette nef le « coussinet » intercalé entre le chapiteau et l'arc. Cette disposition s'explique par l'utilisation de colonnes provenant de ruines romaines, colonnes trop courtes pour être employées sans ce coussinet. Au IVᵉ siècle à Rome, au VIᵉ siècle à Ravenne, on éleva beaucoup de basiliques, dédiées au culte des saints et martyrs.

DÉCORATION. — Un des caractères de la sculpture ornementale est une sorte de gravure sur pierre évoquant la broderie; beaucoup de chapiteaux sont sculptés suivant ce procédé. La mosaïque (assemblage de petits cubes émaillés) occupe la place la plus importante dans la décoration byzantine; elle recouvre les pavements et les murs. Souvent un énorme Dieu de majesté orne la voûte de l'abside.

Mentionnons enfin le motif appelé « entrelacs » d'origine mésopotamienne et qu'on rencontre aussi bien dans la sculpture que dans la mosaïque ornementales.

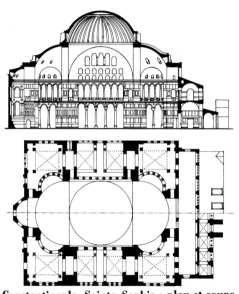

Constantinople, Sainte-Sophie : plan et coupe

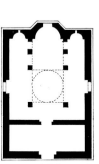

Athènes, la petite Métropole

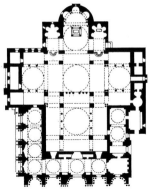

Venise, Saint-Marc

Sculpture-broderie

Mosaïque

Ravenne, Saint-Apollinaire

Entrelacs (Venise, Saint-Marc)

L'art roman est contemporain du développement de la société féodale et de l'essor des ordres monastiques au Moyen Age. Grands bâtisseurs, ces derniers ont joué un rôle actif dans l'élaboration de l'architecture romane. Celle-ci naît à la fin du xe siècle et disparaît avec l'éclosion de l'art gothique, vers 1140-1150 en Ile-de-France, ailleurs au début du xiiie siècle.

On distingue deux périodes dans l'art roman : *le premier art roman* (fin du xe au deuxième tiers du xie siècle) en représente la genèse, *le second art roman* la maturité.

PLANS. — Le plan basilical (cf. art byzantin) domine mais il connaît de multiples interprétations. Il se développe avec l'adjonction de *collatéraux*, l'ajout d'un *transept* sur lequel viennent se greffer des *absidioles* (chapelles secondaires). On distribue aussi des absidioles autour du chœur : ce qui confère de vastes proportions au *chevet*. Une *crypte* est creusée parfois sous la partie orientale de l'édifice.

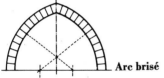
Arc brisé

Arc en berceau

VOUTES. — Elles sont en berceau plein cintre, moins couramment en berceau brisé. A la voûte en berceau continu, on préfère la voûte en berceau à doubleaux. Les doubleaux sont des arcs transversaux destinés à renforcer la voûte. Pour une large part, l'histoire de l'art roman se résume à la volonté d'étendre la voûte à tout l'édifice par l'amortissement ou l'équilibrage de ses poussées.

VOUTE D'ARÊTE. — Elle est constituée par la pénétration de deux voûtes en berceau. Cette pénétration se traduit par des arêtes saillantes et répartit mieux la poussée des voûtes.

COUPOLES. — La croisée du transept peut être surmontée d'une coupole. Celle-ci peut être *sur trompes* ou *sur pendentifs* : éléments qui permettent le passage du plan carré (à la croisée du transept) au plan circulaire (au niveau de la coupole) dans le cas des pendentifs, ou au plan octogonal dans le cas des trompes.

TRAVÉE. — Espace délimité par des éléments verticaux sur les parois. Ces colonnes engagées ou ces pilastres, recevant la retombée des doubleaux, déterminent les travées et relient la voûte aux supports.

CONTREFORTS. — Massifs saillants de maçonnerie qui épaulent le mur extérieur afin d'amortir la poussée des voûtes.

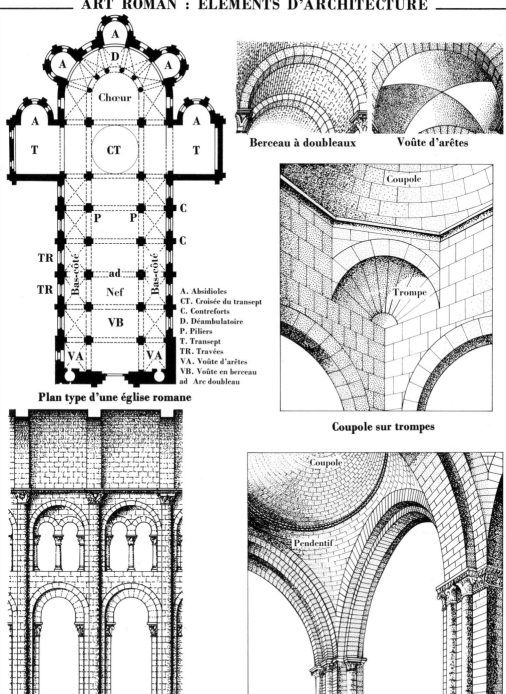

Berceau à doubleaux

Voûte d'arêtes

Plan type d'une église romane

A. Absidioles
CT. Croisée du transept
C. Contreforts
D. Déambulatoire
P. Piliers
T. Transept
TR. Travées
VA. Voûte d'arêtes
VB. Voûte en berceau
ad Arc doubleau

Coupole sur trompes

Deux travées

Coupole sur pendentifs

Outre un répertoire ornemental issu de l'Antiquité gréco-romaine (rinceaux, grecques), il faut souligner l'importance des apports orientaux par l'intermédiaire de Byzance et de l'Islam ibérique, et aussi les persistances de traditions celtes.

ÉLÉMENTS GÉOMÉTRIQUES. — Ces éléments sont nombreux : entrelacs, grecques, « ruban plissé », « chevrons », « besants », « damiers », etc.

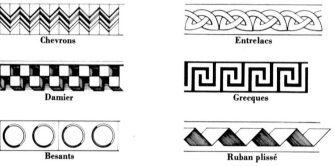

Chevrons — Entrelacs — Damier — Grecques — Besants — Ruban plissé

MODILLONS. — Ce sont des petites consoles souvent sculptées de rosaces ou de têtes de monstres et placées sous une corniche.

CHAPITEAU. — Sa corbeille porte un décor géométrique (entrelacs, godrons), végétal (palmettes, rinceaux), animalier (griffons, lions affrontés) ou historié (scènes de l'Ancien ou du Nouveau Testament). Il peut dériver du chapiteau corinthien de l'Antiquité : la feuille d'acanthe apparaît alors dans les volutes d'angle. Mais on trouve différentes sortes d'épannelages : le *chapiteau cubique*, d'origine byzantine, surtout répandu dans le nord-est de la France, porte un décor végétal ou géométrique taillé en méplat. Le *chapiteau en tronc de pyramide* renversée est d'origine mozarabe. Le *chapiteau géminé* comporte une corbeille qui se dédouble en deux parties pour reposer sur les fûts de deux colonnes distinctes.

PORTAIL. — Le type le plus abouti est le portail languedocien. La sculpture occupe l'espace semi-circulaire du *tympan*. Le Christ en majesté apparaît dans une *mandorle* : gloire en forme d'amande. Le *linteau* est soutenu par un pilier central : le *trumeau*. Sur les côtés, les piédroits accueillent un décor historié. La multiplication des voussures à l'archivolte apparaît surtout aux façades dont le portail ne comporte pas de tympan, dans l'Ouest en particulier comme à Notre-Dame-la-Grande de Poitiers.

Chapiteau géminé de la Daurade (Toulouse)

Corniche à modillons

Chapiteau cubique

Palmette

Chapiteau dérivé du corinthien (Autun)

D

A

B

A. Tympan
B. Linteau
C. Trumeau
D. Voussure
E. Ébrasement
F. Piédroit

E

C

E

F

F

Christ en majesté dans une mandorle

Portail de Moissac

Il apparaît aux alentours de l'an mille en Italie du Nord. Il s'étend dans le midi de la France jusqu'en Catalogne et en Espagne, puis remonte la vallée du Rhône.

PLAN. — Domine alors le plan basilical sans transept, issu des monuments paléochrétiens de Ravenne : une nef unique terminée par une abside en cul-de-four. Dans les édifices importants, l'église comporte des collatéraux : aux trois nefs correspondent dans ce cas trois absides orientées.

VOUTE. — Elle est d'abord expérimentée dans les cryptes puis sur la nef principale de l'église. On distingue différents types de voûtes : voûtes en berceau plein cintre continu, bientôt soutenues par des arcs-doubleaux, voûtes d'arête. De faible portée, ces voûtes retombent sur des piliers quadrangulaires ou cruciformes. Les églises pourvues d'un transept comportent souvent une tour de croisée avec coupole sur trompes.

DÉCOR. — La construction est en petit appareil rustique. Le décor se limite aux *bandes lombardes* introduites par les maçons d'Italie du Nord. Ce sont des bandes verticales, de faible saillie, réunies entre elles à leur sommet par des arcatures aveugles. A ce système ornemental simple, on associe des *frises de dents d'engrenage* et, au chevet, des *niches* qui animent la surface du mur.

SCULPTURE. — Elle apparaît dans le mobilier liturgique (tables d'autel, plaques de chancel) et en architecture sur les dalles sculptées qui viennent s'intégrer à la façade et naturellement sur le chapiteau. Ce dernier peut être issu du corinthien ou à simple épannelage cubique. On pratique une sculpture en méplat et la taille en cuvette : les motifs ornementaux sont végétaux (acanthe, palmette) ou purement géométriques et linéaires (entrelacs). Cependant, on voit resurgir la figure humaine traitée dans un graphisme sommaire, par exemple au linteau de Saint-Genis-des-Fontaines, vers 1019-1020.

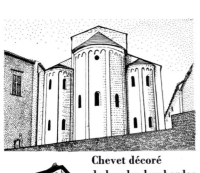

Chevet décoré
de bandes lombardes—

Chapiteau cubique

Dents d'engrenage

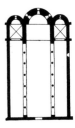

Plan d'une église
à trois absides
orientées

Voûte en berceau
continu retombant
sur des colonnes
monolithes
(Saint-Martin-
du-Canigou)

Clocher et chevet de Taüll (Catalogne)

Linteau de Saint-Genis-des-Fontaines

Le second art roman débute dans le dernier tiers du xɪᵉ siècle et se développe dans toute l'Europe occidentale. Il marque l'aboutissement des recherches précédentes. C'est l'époque des grandes réalisations architecturales auxquelles sont associées les vastes compositions du décor sculpté et peint.

PLANS. — Deux types de plan connaissent un essor particulier : le *plan bénédictin* à chapelles orientées et échelonnées et le *plan à déambulatoire et chapelles rayonnantes*. Ce dernier, particulièrement favorable à la circulation des fidèles autour du chœur, a été adopté par nombre d'*églises de pèlerinage* comme Sainte-Foy-de-Conques et par l'Auvergne. Au *chevet*, ce type de plan aboutit à une superposition harmonieuse de volumes depuis les absidioles jusqu'au clocher.

TRIBUNES. — Les bas-côtés qui épaulent la nef peuvent être surmontés d'un étage de tribunes : galeries s'ouvrant sur la nef destinées à accueillir les fidèles. Les tribunes confèrent de la stabilité à l'édifice en s'opposant aux poussées de la voûte centrale. En Auvergne, on obtient ainsi une élévation à deux étages : des grandes arcades puis des tribunes voûtées en demi-berceau. La nef ne reçoit alors qu'un jour indirect et faible. A l'inverse, de nombreux édifices ne comportent pas de tribunes : les « églises-halles » du Poitou ont des collatéraux d'une hauteur quasi égale à celle de la nef centrale.

TRIFORIUM. — C'est une coursière qui, au-dessus des grandes arcades, s'ouvre sur la nef par une série de baies. Le triforium remplace l'étage de tribune en Normandie.

VOUTES. — On maîtrise parfaitement les divers procédés de voûtement. En Bourgogne et en Normandie, la voûte d'arête ou la voûte en berceau brisé sur la nef principale, en réduisant les poussées, autorise une élévation intérieure à trois étages (grandes arcades, triforium, fenêtres hautes) et donc un éclairage direct de la nef. En Aquitaine, la nef unique, très large et lumineuse, est associée à la couverture à files de coupoles sur pendentifs.

SUPPORTS. — Leur forme se fait plus complexe : pilier cruciforme à pilastres, pilier à colonnes engagées sur dosserets, pilier quadrilobé particulier dans le Poitou.

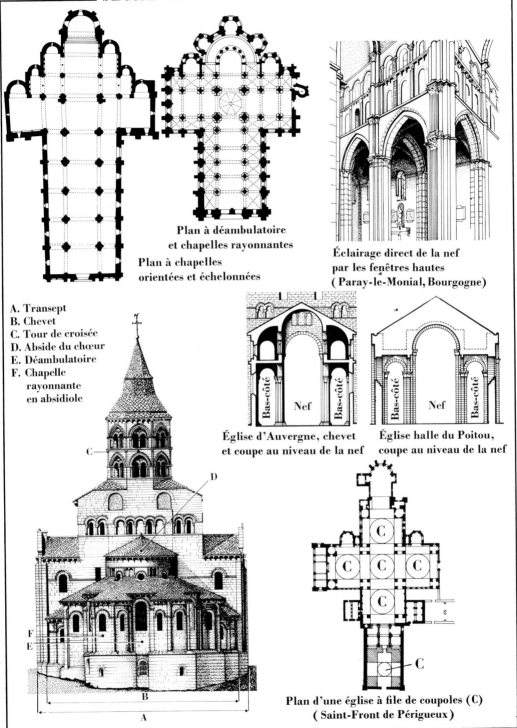

Plan à déambulatoire
et chapelles rayonnantes

Plan à chapelles
orientées et échelonnées

Éclairage direct de la nef
par les fenêtres hautes
(Paray-le-Monial, Bourgogne)

A. Transept
B. Chevet
C. Tour de croisée
D. Abside du chœur
E. Déambulatoire
F. Chapelle
   rayonnante
   en absidiole

Église d'Auvergne, chevet
et coupe au niveau de la nef

Bas-côté Nef Bas-côté

Église halle du Poitou,
coupe au niveau de la nef

Bas-côté Nef Bas-côté

Plan d'une église à file de coupoles (C)
(Saint-Front de Périgueux)

41

Le second art roman se caractérise par le développement du grand décor sculpté. Les ivoires, les enluminures, les tissus lui fournissent des modèles. La sculpture romane occupe les points essentiels de l'édifice pour en souligner les lignes et la structure. De ces contraintes, ainsi que des lois qu'elle s'est fixées, elle tire sa monumentalité et sa force.

SCHÉMAS GÉOMÉTRIQUES. — Le sculpteur roman utilise des schémas géométriques pour tracer les axes de sa composition : cercle, carré, triangle, losange. D'où les attitudes parfois dansantes des figures, les plis agités, les enroulements, et un goût du graphisme qui prime le sens du volume.

BESTIAIRE. — Le bestiaire roman est fantastique. Nombreux sont les lions bicéphales, les chimères, les sirènes ailées et les monstres anthropomorphes. En général, l'imaginaire prévaut sur l'imitation de la nature.

EMPLACEMENTS. — Cette sculpture apparaît sur les *chapiteaux* (en série autour du déambulatoire ou des galeries d'un cloître) et sur les *portails*. Ces emplacements sont favorables au développement de programmes iconographiques complexes. A cet égard l'influence de l'ordre de Cluny fut prépondérante.

PORTAILS. — Le *Languedoc* met au point la formule du grand portail sculpté. Au tympan de Moissac s'affirment les traits caractéristiques de la sculpture languedocienne : dynamisme et allongement des figures aux jambes croisées, animation qu'accentue le plissé des vêtements. En *Bourgogne*, la sculpture est savante dans ses thèmes et ses compositions. A Autun, ses qualités inventives tiennent autant à une vivacité naturelle qu'à un sens de l'harmonie redevable aux modèles antiques. En *Auvergne*, domine un réalisme narratif plus laborieux. A Sainte-Foy-de-Conques, les figures trapues du « Jugement dernier » occupent différents registres dont ceux du linteau *en batière* (à double pente) commun au centre de la France. La *Provence* conserve le souvenir de l'Antiquité romaine. Ces emprunts apparaissent avec les frontons, les frises, les pilastres, les colonnes cannelées ainsi qu'à travers un vocabulaire de grecques, d'oves, de feuilles d'acanthe et de rinceaux.

Autun, Ève

Cloître de Saint-Trophime d'Arles

Souillac, le prophète Isaïe

Portail de Saint-Gilles-du-Gard

Linteau de Sainte-Foy de Conques

Notre-Dame-la-Grande
Poitiers

Dans les régions de l'Ouest (Poitou, Charente, Angoumois), les édifices se distinguent par l'absence de tympan à leur portail. En revanche, un décor couvrant occupe le mur pignon de la façade. A Notre-Dame-la-Grande de Poitiers, le décor est étagé en registres de personnages sous arcades et de modillons sculptés. Au-dessus du portail, le bandeau d'une frise, illustrant les scènes du péché originel et de la Rédemption, tente de s'insérer dans les surfaces triangulaires des écoinçons. De même, les voussures du portail sont entièrement sculptées, claveau par claveau, de rinceaux et d'animaux fantastiques serrés les uns contre les autres. Motifs qui connaissent au travers des répétitions de multiples variantes. Ceux-ci se caractérisent par une sculpture fouillée et compacte dans laquelle on a vu — comme dans certaines églises d'Auvergne ou du Velay — une influence de l'art islamique.

Amorcé au milieu du XIIᵉ siècle, le développement de l'art gothique connaît sa phase classique au cours du XIIIᵉ siècle avec les grandes cathédrales.

ARCS BRISÉS. — Formés par deux segments de cercle tracés de deux centres différents, ils sont plus ou moins aigus suivant l'écartement des centres.

VOUTE SUR CROISÉE D'OGIVES. — C'est une voûte renforcée par des nervures ou ogives. Les poussées s'exercent sur les quatre points de retombée de la voûte, d'où sa légèreté. Déjà expérimentées à l'époque romane, les premières voûtes d'ogives gothiques sont bombées. Très vite, on en vient à briser les ogives afin d'abaisser le niveau des poussées des voûtes. On distingue deux sortes de voûtes sur croisée d'ogives : la *voûte sexpartite* et la *voûte quadripartite*. Dans le premier cas, la croisée d'ogives est complétée par une ogive intermédiaire. Ses nervures déterminent donc six compartiments compris entre des arcs d'encadrement : doubleaux et formerets (cathédrales de Noyon, Paris, Laon). Cette voûte embrasse deux travées. Les charges sont inégalement réparties : les piles fortes reçoivent les retombées des ogives et des doubleaux, tandis que les piles faibles ne reçoivent que la retombée de l'ogive intermédiaire. En revanche, ces inconvénients disparaissent avec l'adoption de la voûte quadripartite de plan barlong (cathédrales d'Amiens, de Reims). La travée de la nef correspond alors à celle des bas-côtés. Toutes les piles reçoivent donc une poussée identique et l'alternance des piles n'a plus de raison d'être.

POUSSÉES OBLIQUES. — Un édifice gothique est un admirable système d'équilibre et les poussées obliques sont contrebutées par l'arc-boutant. La poussée du bas-côté s'exerçant sur le chapiteau (C) de la colonne est combattue par la charge verticale du pilier (P).

PILIERS. — Le type de pilier le plus répandu est un noyau central cantonné de quatre colonnes engagées (Amiens), mais il peut acquérir un dessin plus complexe.

Différents types de supports :

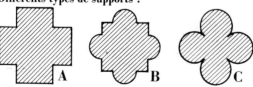

pilier cruciforme (A),
pilier à noyau carré flanqué de colonnes (B),
pilier quadrilobé (C)

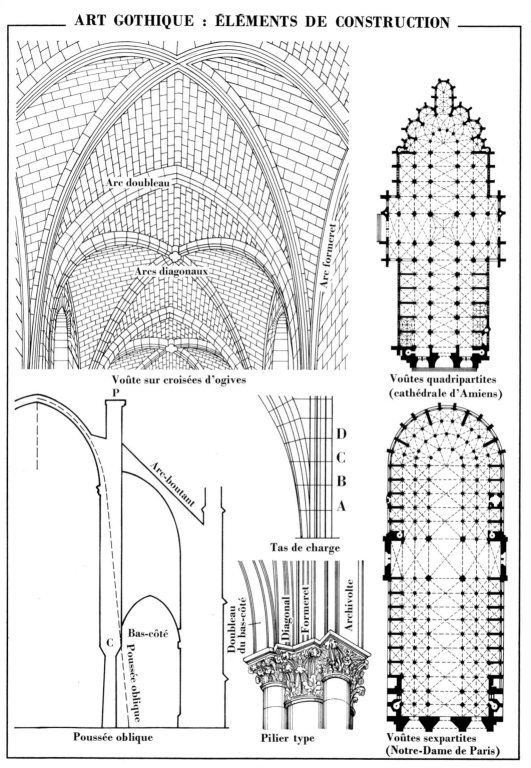

Arc doubleau

Arcs diagonaux

Arc formeret

Voûte sur croisées d'ogives

**Voûtes quadripartites
(cathédrale d'Amiens)**

P

Arc-boutant

Tas de charge

D
C
B
A

Doubleau du bas-côté

Diagonal

Formeret

Archivolte

C

Bas-côté

Poussée oblique

Poussée oblique

Pilier type

**Voûtes sexpartites
(Notre-Dame de Paris)**

On distingue quatre grandes périodes dans l'art gothique. D'abord, un premier art gothique, né en Ile-de-France, au XIIᵉ siècle; puis un gothique classique, entre la fin du XIIᵉ siècle et le milieu du XIIIᵉ, s'épanouit en Ile-de-France et en Champagne avec les grandes cathédrales. Après quoi, à travers l'art rayonnant, puis l'art flamboyant, se développe jusqu'au début du XVIᵉ siècle la période du gothique tardif. Tout au long de l'époque gothique, on assiste à un effort constant d'allégement de la construction. A quoi s'ajoutent la recherche de la hauteur et celle d'un éclairage meilleur grâce à l'évidement progressif des murs.

NOYON. — Durant l'art gothique primitif, la voûte sexpartite est encore bombée. Elle est épaulée de contreforts et pas encore d'arcs-boutants dont l'usage ne se généralisera qu'au XIIIᵉ siècle. La voûte sexpartite a pour conséquence l'adoption de piles fortes (qui reçoivent les ogives diagonales) et de piles faibles (qui supportent la retombée de l'ogive médiane). L'élévation de la nef est à quatre étages : arcades, tribunes, triforium et fenêtres hautes, comme à Paris et à Laon.

CHARTRES. — La tribune disparaît. Cette suppression permet l'agrandissement des fenêtres, l'élévation des arcades de la nef. Le retour à la voûte quadripartite s'accompagne d'un raccourcissement de la travée. Les piliers sont formés d'une pile ronde cantonnée de quatre colonnes engagées : faisceau ininterrompu qui rejoint ou prolonge de manière élancée les arceaux de la voûte. Toutes ces dispositions se retrouvent à Reims mais plus légères.

AMIENS. — La nef donne une impression d'élancement. La lumière y est plus intense, favorisée par l'élargissement des verrières de la nef et l'ajourage du mur du fond du triforium (claire-voie) autour du chœur. L'usage de la claire-voie à la fin du XIIIᵉ siècle, dans tout l'édifice, inonde le vaisseau de lumière.

ROUEN. — Au XVᵉ siècle, le triforium tend à disparaître. Il se confond avec les fenêtres hautes dont il a les mêmes meneaux verticaux. Toute la largeur de la travée est une immense verrière.

PLANS. — Le plan de ces cathédrales est marqué par l'ampleur du transept et le développement du chœur, souvent à double déambulatoire, qu'entoure une couronne de chapelles.

Formeret

Noyon (1150) 　　　　Chartres (1200) 　　Amiens (1250) 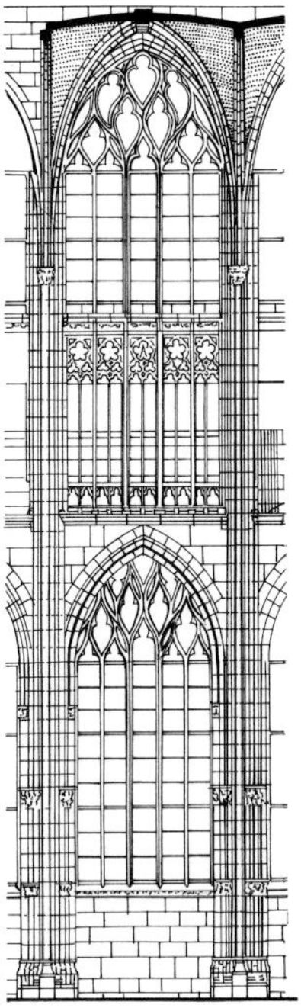　Rouen, Saint-Ouen
(1450)

Triforium

Cathédrale d'Amiens,
coupe sur le triforium

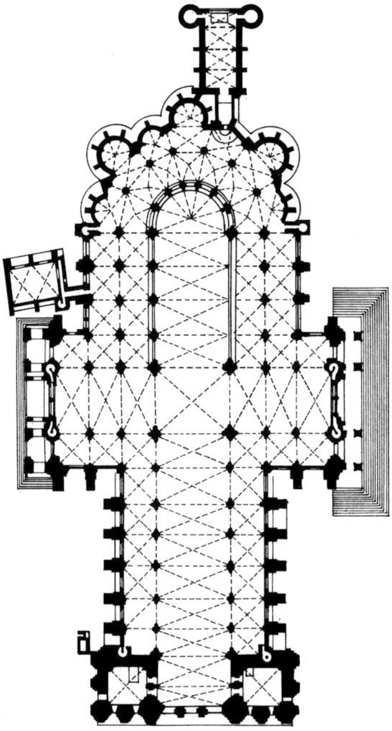

Cathédrale de Chartres, plan

Organe essentiel du système d'équilibre gothique, l'arc-boutant a pour rôle de recevoir la poussée de la voûte de la nef au-dessus des bas-côtés. Il a permis d'élever la voûte à une très grande hauteur et d'ajouter de plus en plus les murs qui ne sont plus un soutien mais une clôture.

AMIENS. — Tout d'abord très simple et avec un seul arc, bientôt comme à Amiens, il est à double étage, de façon à contrebuter la poussée au-dessus et en dessous du point où s'exerce la poussée.

CHARTRES. — Pour augmenter la résistance de ces arcs-boutants doubles, les constructeurs eurent l'idée, comme à Chartres, de rendre solidaires ces deux arcs par une sorte d'étrésillon ayant ici la forme de petites arcades.

BEAUVAIS. — Dans le cas de Beauvais, dont le chœur possède un double bas-côté, on fit l'arc-boutant à double volée avec une culée intermédiaire, à l'équilibre audacieux.

L'écoulement des eaux pluviales se fait par un chéneau pour aboutir à des gargouilles (G) qui rejettent l'eau loin des murs.

REIMS. — Pour éviter que la pile ou culée ne bascule par suite de la poussée des voûtes, on charge la culée d'un édicule appelé « pinacle »; ceux de Reims sont célèbres par leur élégance. Évidés à leur partie supérieure, ces pinacles abritent des anges aux ailes déployées.

ABBEVILLE. — Au xve siècle, les arcs-boutants sont évidés. On a recours à des courbes qui sont en sens inverse de la poussée des voûtes. On retrouve jusque dans les arcs-boutants l'accumulation de détails sculptés et les courbes et contre-courbes chères au décor flamboyant de l'époque.

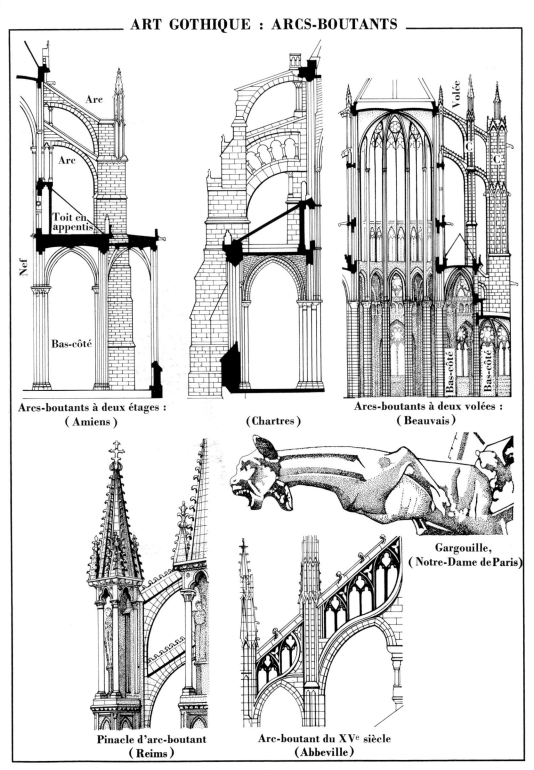

Arcs-boutants à deux étages :
(Amiens)

Arc

Arc

Toit en
appentis

Nef

Bas-côté

(Chartres)

Arcs-boutants à deux volées :
(Beauvais)

Volée

C

C

Bas-côté

Bas-côté

Gargouille,
(Notre-Dame de Paris)

Pinacle d'arc-boutant
(Reims)

Arc-boutant du XVe siècle
(Abbeville)

La fenêtre gothique est un châssis de pierre indépendant du gros œuvre : c'est le remplage « vrai » dit rémois parce que apparu pour la première fois dans les chapelles rayonnantes de Notre-Dame de Reims vers 1210-1220. Le système rémois succède donc à la fenêtre « percée » dans le mur porteur, laquelle subsiste à Chartres.

FENÊTRES A OCULUS. — Le type le plus répandu de fenêtre gothique est constitué de deux lancettes (arcs en tiers-point surhaussés) et d'une petite rose : oculus dans la partie supérieure.

Le décor de ces oculi est varié : dans la très belle fenêtre de la nef de Chartres, on remarquera les quatre feuilles de la bordure; à Reims ce sont des festons (encore appelés « redents ») qui entourent le centre. Le type de la fenêtre à remplage réunit un oculus souligné par un tore, au-dessus de deux lancettes elles-mêmes soulignées par un tore et des colonnettes.

ROSES. — Le rôle joué par les roses est l'éclairage de la voûte de la nef et du transept. Leurs dimensions sont parfois considérables et elles peuvent atteindre jusqu'à dix mètres de diamètre. Pour résister à la poussée exercée par le vent, on a cherché diverses combinaisons : la plus fréquente est une sorte de roue, dont les rayons sont des colonnettes et dont le centre est évidé. Telles sont les roses de Chartres (transept) et de Paris (façade). Dans cette dernière, pour augmenter la solidité, il y a deux rangs d'arcatures concentriques et le plus éloigné a deux fois plus d'arcatures que le rang du centre.

La grande rose de la façade de Reims est enveloppée d'un arc brisé. Ici l'ajourement est complet aussi bien dans les angles inférieurs qu'au sommet.

VITRAUX. — Composition de verres teintés dans la masse, rehaussés de grisaille, maintenus par des plombs qui cernent les figures, le vitrail est un décor translucide et coloré. A l'élargissement des fenêtres répond une gamme de couleurs toujours plus intenses. Après 1260, les tons s'éclaircissent : on recourt de plus en plus au jaune d'argent et à la grisaille. Les plus beaux ensembles conservés se trouvent dans les cathédrales de Chartres et du Mans.

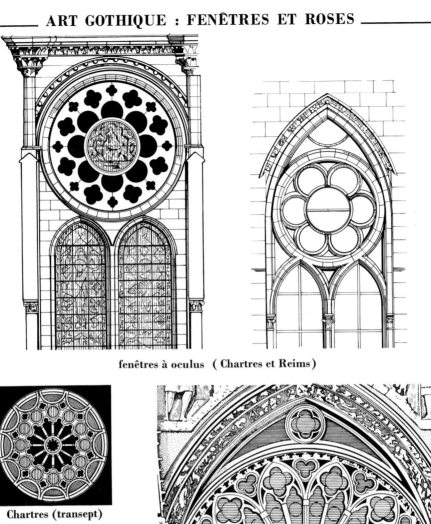

fenêtres à oculus (Chartres et Reims)

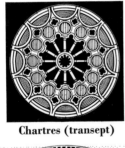

Chartres (transept)

Paris (façade ouest)

Reims (façade ouest)

Le XIIIe siècle est, comme chacun sait, la plus belle époque de l'art gothique. Tandis qu'au XIVe siècle il y a un abus des motifs géométriques avec une prédominance de la mouluration sur l'ornementation, et qu'au XVe siècle il y a un abus d'ornementation, au XIIIe siècle on constate l'union intime de l'architecture et de la sculpture.

PORTAIL. — Chacun des arcs concentriques, les « voussures » (V) dont l'ensemble est appelé « archivolte », retombe sur son « piédroit » (P) qui, ici, est une colonnette. Au-dessus de l'archivolte s'élève un grand pignon appelé « gâble » (G) séparé des deux autres « gâbles » par un pinacle (P I). L'espace compris entre le linteau (L) et l'archivolte est le tympan (T).

CLEF DE VOUTE. — On donne ce nom à la pierre sculptée qui se trouve au sommet de la voûte, à l'intersection des arcs. On remarquera ici le merveilleux agencement du feuillage de cette clef qui provient de Saint-Martin-des-Champs à Paris et qui date du XIIIe siècle.

FLORE. — Au XIIIe siècle les sculpteurs reproduisent fidèlement la flore naturelle. Au XVe siècle on recherche les plantes qui ont des contours tourmentés comme le chardon, l'artichaut ou le chou frisé.

CHAPITEAUX. — Le point de départ est le chapiteau corinthien dont les volutes sont, au XIIIe siècle, des bourgeons appelés « crochets ». Ils éveillent l'idée de bourgeons gonflés de sève ; ils s'enroulent comme une crosse de fougère. Il y a souvent deux rangs de crochets. Au XIVe siècle, le feuillage s'amaigrit avec le chapiteau.

FLEURONS. — Extrêmement fréquent, cet ornement est une sorte de bouquet terminal composé d'une tige prismatique, baguée de quatre crochets à deux étages et d'un bourgeon central. A la fin du XIIIe siècle et au XIVe siècle, les bourgeons deviennent des feuilles d'eau ou d'algue coudées et découpées. Au XVe siècle, le feuillage prend un grand développement.

PINACLES. — On rencontre pendant l'époque gothique ces petits édicules à base prismatique terminés par une mince pyramide ornée de crochets. Au XVe siècle, comme on peut le voir ici, la base est ornée de deux petits arcs en accolade dont le joint est dans l'axe.

Porte (Notre-Dame de Paris)

Clé de voûte (XIIIe siècle)

Panneau, XIIIe siècle (Reims)

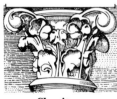

Chapiteau (XIIIe siècle)

Panneau (XVe siècle). Chœur (Amiens)

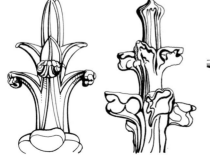

Fleurons des XIIIe, XIVe et XVe siècles

Pinacle

Nef de la cathédrale d'Amiens
(1220-1269)

Témoin du plein épanouissement de l'art gothique, Amiens se signale par l'ampleur de son plan, au vaste transept de soixante-dix mètres de longueur, et les proportions hardies de son vaisseau, long de 133,50 mètres et haut de 42,30 mètres, les plus étendues de l'architecture gothique en France. Dans la nef, l'élancement des volumes doit beaucoup aux proportions des piliers cantonnés de quatre colonnes, et à leur jaillissement nerveux jusqu'aux voûtes. Au-dessus des arcades, le triforium et les immenses fenêtres hautes évident considérablement les parois. L'allégement progressif du poids de la maçonnerie, par la recherche du vide, triomphe dans le chœur et le transept dont le triforium possède un mur extérieur également ajouré : déjà les galeries se transforment en baies. Avec l'élimination des surfaces pleines, pour mieux capter la lumière, l'édifice se réduit peu à peu à une ossature constituée d'arcs et de supports renforcés par les arcs-boutants : structure dont la légèreté aérienne ne va cesser de s'accentuer.

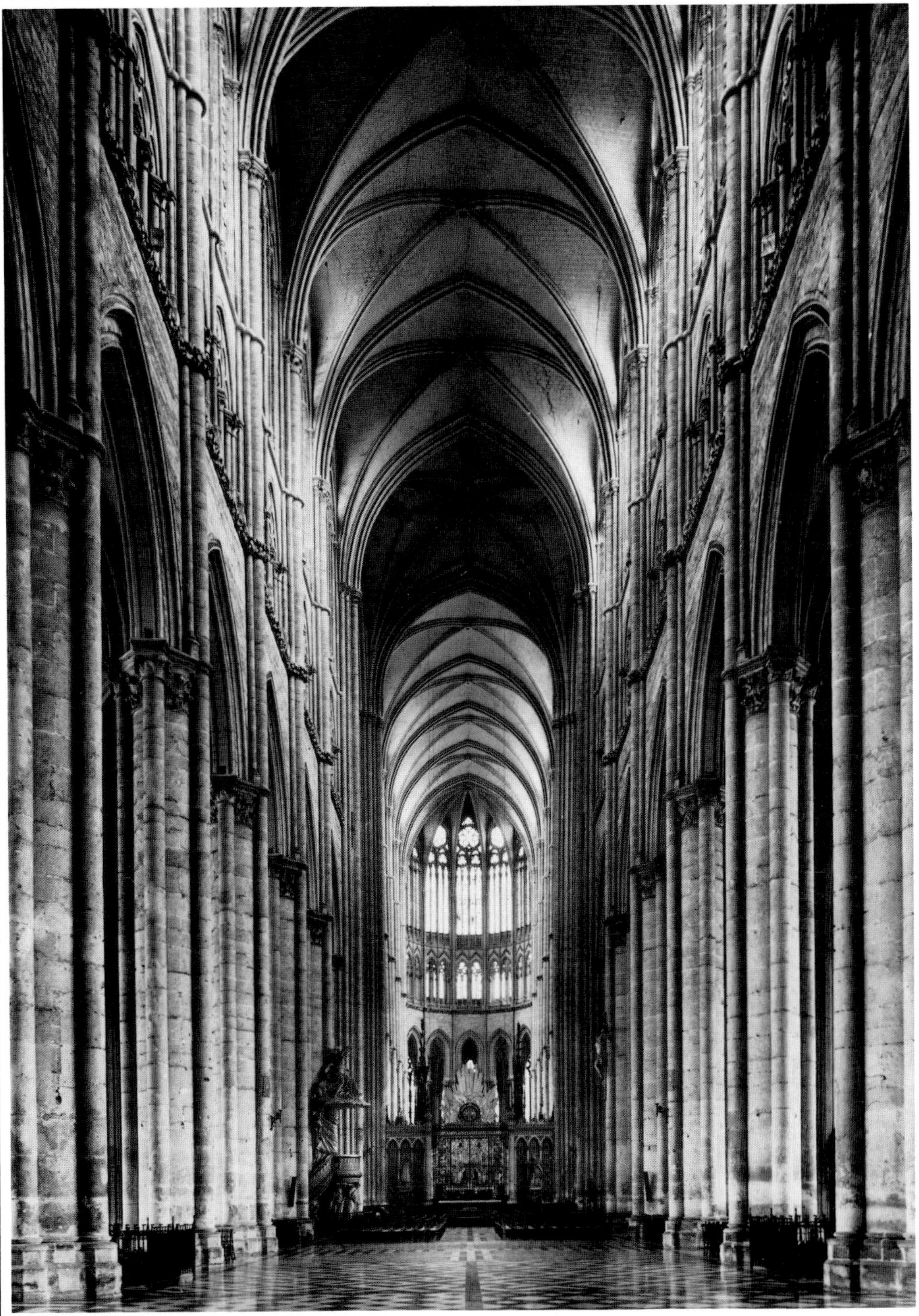

Entre la deuxième moitié du XIIIᵉ siècle et les années 1370, la tendance à l'évidement des parois s'accentue. L'église tend à ressembler à une vaste cage de verre. Le terme « rayonnant », qu'on a attribué à ce style, procède de la *rose* des sanctuaires dont les découpures évoquent les rayons d'une roue. Aux simples fenêtres percées se substituent d'immenses baies qui tiennent lieu de parois. Au type « chartrain » à trois étages succédera parfois une élévation à deux étages, quand on ne se contentera plus d'éclairer le triforium par une claire-voie.

Ce courant, surgi pour une part du triforium vitré à gâble du chœur de Reims, inaugure un art raffiné qui correspond à l'époque de Saint Louis.

SAINTE-CHAPELLE. — La disparition de l'enveloppe murale au profit des baies réduit le bâtiment à une ossature, à un système d'arcs et de supports. Le dégagement de l'espace et l'évidement des parois semblent défier ici les lois de la pesanteur. En fait, seuls de puissants contreforts, accumulés à l'extérieur, autorisent la légèreté de ce parti aérien. De son côté, le poids de chaque gâble au-dessus de l'archivolte des fenêtres permet à cette dernière de résister aux poussées tout en soulageant les côtés de l'arc. Chef-d'œuvre stéréotomique, la Sainte-Chapelle l'emporte également par l'audace raffinée de ce système comme par le voûtement de la chapelle basse conçue à la manière d'un soubassement.

ROSES DU TRANSEPT DE NOTRE-DAME. — La nécessité ou le désir d'éclairer encore plus largement les nefs entraîne une utilisation à vaste échelle des roses sur les transepts qui perdent à leur tour leurs parois de maçonnerie. Les vides l'emportent alors sur les pleins. Autour de l'oculus démesurément agrandi, les écoinçons sont ajourés à leur tour. Des fenêtres à la rose en passant par le triforium, les verrières occupent tout l'espace compris entre les piles.

ARC-BOUTANT. — Affecté lui aussi par cet allégement général, l'arc-boutant voit ses assises intermédiaires, entre l'extrados et l'intrados, ajourées de quatre-feuilles, de rosaces.

Paris, Sainte-Chapelle

Paris, transept sud de Notre-Dame

FENÊTRE ET BALUSTRADE. — Le style flamboyant (de la fin du XIVe siècle au début du XVIe siècle) tire son nom du tracé du remplage des fenêtres; les lignes sinueuses de ce remplage évoquent l'image de flammes agitées par le vent. Ce tracé comprend deux éléments : le « soufflet » (S) qui est un quatre-feuilles allongé et la « mouchette » (M) qui est une sorte de fuseau ondulé et garni de redents.

ARCS EN ACCOLADE. — Formé par deux courbes et deux contre-courbes, cet arc souvent accosté de deux pinacles est un des éléments caractéristiques du style flamboyant du XVe siècle.

PILIERS. — Un type très répandu, notamment dans l'est de la France, est le pilier rond sans chapiteau et qui reçoit sur son fût les nervures sans interruption, ni intermédiaire.

VOUTES. — Sorte de plafond à caissons, la voûte accueille de nou-velles nervures : les *liernes* et les *tiercerons*. Le tracé a dès lors une forme en étoile. Ces voûtes plates reçoivent un riche décor et des clefs pendantes.

TRAVÉES. — Le XVe siècle est l'aboutissement logique de l'évolution de l'art gothique visant à toujours plus d'élancement, plus de légèreté, plus de lumière; la nef de Saint-Maclou à Rouen en est le type et le chef-d'œuvre : sans interruption, c'est-à-dire sans chapiteaux, les piliers s'élancent jusqu'aux voûtes; le triforium est incorporé aux fenêtres hautes et l'ensemble forme une immense claire-voie. A Saint-Germain-l'Auxerrois, comme dans toutes les églises parisiennes, la travée se réduit à deux niveaux : des grandes arcades suivies de fenêtres hautes.

PORTAILS. — Sur les façades, les gâbles augmentent les divisions verticales des portails en triple arcade d'un rythme intermédiaire entre les contreforts. Leur·pointe effilée mord souvent sur le triforium et les roses, accentuant la dynamique ascensionnelle des tours, des pinacles et des flèches. Parmi les édifices flamboyants, on retiendra à Rouen la nef de Saint-Ouen et l'église Saint-Maclou; La Trinité, à Vendôme; Saint-Jacques, à Dieppe; Notre-Dame de L'Épine; en Lorraine Saint-Nicolas-du-Port; Saint-Wulfran d'Abbeville.

Arc en accolade

Voûte en étoile

Balustrade

Travée (Rouen, Saint-Maclou)

Pilier

Fenêtre (église d'Arques)
S : soufflet, M : mouchettes

Notre-Dame de l'Épine (1420)

Né en Ile-de-France et en Champagne, le gothique se propage dans les provinces et à l'étranger avec des variantes originales.

ANJOU. — Un courant qui comprend l'Anjou (cathédrale et Saint-Serge à Angers), le Poitou (cathédrale de Poitiers) et le Maine est caractérisé par l'emploi d'une voûte très bombée avec de nombreuses nervures qui ne sont que des ornements. Les supports sont des piliers d'une remarquable élégance.

BOURGOGNE. — Elle reste fidèle à ses traditions par la persistance des voûtes sexpartites (Notre-Dame de Dijon) et de son style monumental opposé au style chartrain. La cathédrale de Chalon puis celle de Nevers affirment bien le parti de ce style bourguignon.

MIDI. — En Languedoc comme en Provence, le gothique est adapté sur une nef unique avec souvent des contreforts en saillie à l'intérieur, et parfois à des églises fortifiées comme Sainte-Cécile d'Albi. En revanche, Bayonne, Clermont, Limoges reproduisent le style français.

ESPAGNE. — Tolède, Burgos et surtout León retracent fidèlement les partis successifs du gothique français.

ANGLETERRE. — Bien que lié à l'origine à la Normandie, le gothique anglais, pour souscrire aux arcs aigus, aux galeries de circulation, aux fenêtres hautes, respecte moins la logique de la structure et de l'ordonnance. Avec le *style orné* ou *curvilinéaire* issu du style rayonnant français, apparaissent des arcs en accolade. Un mouvement ininterrompu agite les nervures ou les assemble en réseaux réticulés et ondulatoires (cathédrale d'Ely). Les voûtes anglaises se compliquent de nouvelles nervures : liernes et tiercerons au tracé en étoile. Le tracé du fenestrage, avant la France, est flamboyant. Au XVe siècle c'est le *style perpendiculaire* ainsi nommé à cause des longs meneaux du fenestrage aux lignes verticales et horizontales. On emploie un arc à quatre centres appelé « arc Tudor » et un arc obtus souvent encadré de moulures. Les voûtes prennent assez souvent (Westminster à Londres et chapelle de Windsor) un aspect extrêmement complexe avec leurs lourdes clefs pendantes et le dessin *en éventail* de leurs nervures (Peterborough).

ITALIE. — Freiné par les traditions byzantines, le gothique doit sa pénétration aux ordres monastiques (Assise). De son côté, la Toscane le plie de manière originale à son esprit de mesure et d'équilibre (cathédrale de Florence).

Voûte en éventail (cathédrale de Peterborough)

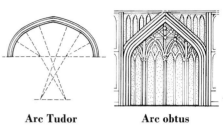

Arc Tudor   **Arc obtus**

Sainte-Cécile d'Albi

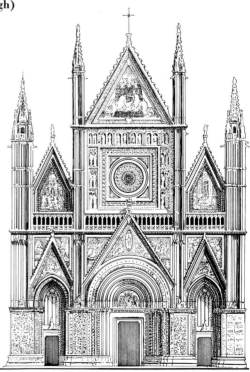

Cathédrale d'Orvieto

FENÊTRES. — On rencontre un type déjà connu à l'époque romane : la « fenêtre géminée » avec une colonnette dans l'axe et une petite ouverture au-dessous de l'arc de décharge. Au xve siècle, tantôt le linteau est orné d'une petite accolade, tantôt, comme à l'hôtel de ville de Compiègne, c'est la fenêtre croisée divisée par des meneaux de pierre. Un arc en accolade de grandes dimensions la surmonte. Cet arc peut être en contre-courbes brisées.

LUCARNES. — Celles du xve siècle sont les plus riches; elles annoncent celles de la Renaissance par leurs formes. Une sorte de claire-voie d'arcatures ou de petits arcs-boutants relie le fronton aux deux pinacles qui les accostent. L'hôtel de Jacques Cœur à Bourges est la demeure la plus prestigieuse du xve siècle.

HOTELS DE VILLE. — Les plus beaux exemples se trouvent dans les Flandres (Bruges, Douai, Arras, Saint-Quentin). Comme à Compiègne le beffroi ou tour centrale est la partie la plus remarquable avec sa flèche et ses petites tourelles en encorbellement comme des échauguettes.

PORTES. — Les portes sont faites de panneaux rendus parfois solidaires par des « pentures », bandes de fer reposant sur les gonds.

CHEMINÉES. — Jusqu'au xive siècle, la hotte conique est la règle; les jambages sont ornés de colonnettes et le bandeau, tout d'abord sans ornements, est très décoré au xve siècle.

MEUBLES. — La sculpture ornementale des panneaux consiste en une figuration du fenestrage flamboyant ou encore dans l'ornement appelé « serviette » ou « parchemin plissé ». Les principaux meubles sont le coffre et le buffet qui a souvent sa partie supérieure en porte à faux. La « chaire » ou « chayère », avec son haut dossier et son dais, est le siège du chef de famille.

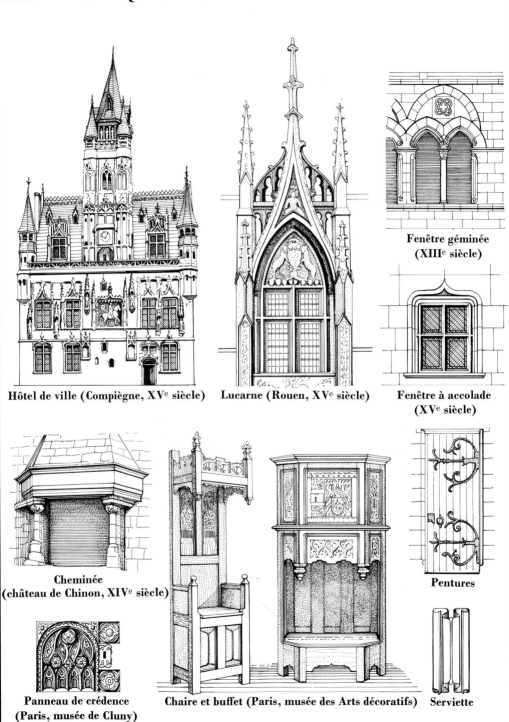

Hôtel de ville (Compiègne, XVe siècle)

Lucarne (Rouen, XVe siècle)

Fenêtre géminée
(XIIIe siècle)

Fenêtre à accolade
(XVe siècle)

Cheminée
(château de Chinon, XIVe siècle)

Pentures

Panneau de crédence
(Paris, musée de Cluny)

Chaire et buffet (Paris, musée des Arts décoratifs)

Serviette

CHATEAUX. — Le système défensif des châteaux comprenait une cour fortifiée et une ou deux enceintes suivant leur importance. Le donjon était une tour située d'abord au centre de l'enceinte et, dans la suite, sur un des côtés de cette enceinte; il pouvait assurer lui-même sa propre défense. L'enceinte, en général, n'avait qu'une porte avec deux tours, comme à Villeneuve-lès-Avignon (pl. 27) entre lesquelles le passage voûté était défendu par une herse (grille mobile) et auquel on accédait par un pont-levis. Les tours sont tantôt rondes, tantôt en quatre-feuilles, tantôt en bec; elles étaient réunies par une muraille appelée « courtine » qui avait deux étages de chemins de ronde. L'étage supérieur était muni de créneaux et de meurtrières: Les tours avaient parfois comme à Pierrefonds (pl. 27) deux étages crénelés. Pour atteindre les assaillants au bas de la muraille, on donnait au pied de cette muraille un profil en talus sur lequel venaient ricocher les projectiles. Sous Charles V, le donjon de Vincennes comme la Bastille disposent d'un chemin de ronde continu grâce à l'élévation des courtines à la même hauteur que les tours.

CRÉNELAGE. — Cette disposition défensive consiste en échancrures : créneaux séparés par de petits murs, « merlons ».

MEURTRIÈRES. — Encore appelées « archères », les meurtrières sont des rainures entaillées dans les courtines et les tours. A partir du XIVe siècle, on leur donna la forme en croix pour le tir à l'arbalète dans toutes les directions.

MACHICOULIS. — Faisant saillie sur le parement du mur, les mâchicoulis sont une sorte de parapet crénelé reposant sur des consoles. Par le vide ménagé entre ces consoles on établissait le tir plongeant. On les rencontre au sommet des courtines et des tours.

ÉCHAUGUETTES ET BRETÈCHES. — On les confond souvent. Les « bretèches » (B) sont des logettes en saillie au-dessus des portes ou des points faibles, tandis que les « échauguettes » (E) sont de petits pavillons qui occupent les angles.

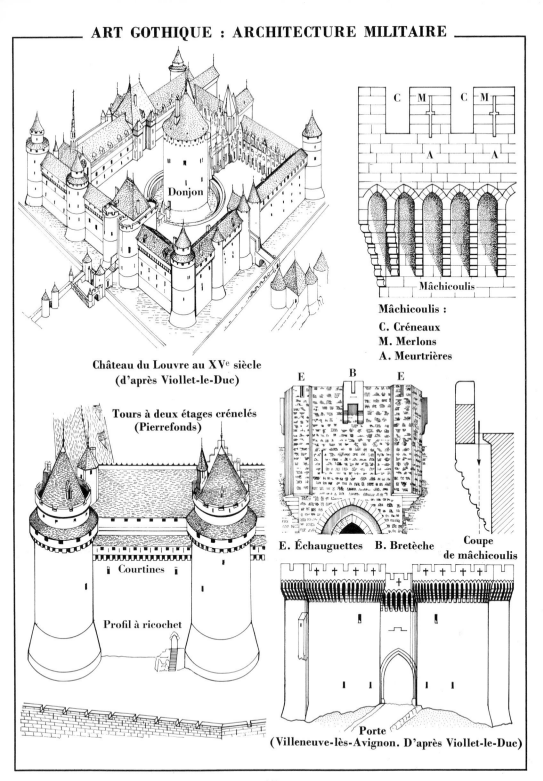

Donjon

**Château du Louvre au XVᵉ siècle
(d'après Viollet-le-Duc)**

**Tours à deux étages crénelés
(Pierrefonds)**

Courtines

Profil à ricochet

C   M   C   M

A   A

Mâchicoulis

Mâchicoulis :
C. Créneaux
M. Merlons
A. Meurtrières

E   B   E

E. Échauguettes   B. Bretèche

Coupe
de mâchicoulis

**Porte
(Villeneuve-lès-Avignon. D'après Viollet-le-Duc)**

RENAISSANCE ITALIENNE :
ÉLÉMENTS DE DÉCORATION

La Renaissance italienne s'étend sur le xvᵉ siècle (Quattrocento) et le xviᵉ siècle (Cinquecento). Au sens premier du terme, la Renaissance correspond à la *redécouverte de l'Antiquité*. Grâce à l'héritage gréco-romain, l'Italie tournant le dos au monde médiéval, a su dès cette époque replacer l'homme au centre des arts comme échelle principale et référence absolue. En affirmant la *dimension terrestre de l'homme*, à travers sa représentation dans les arts, elle a largement contribué à la profession de foi nouvelle en la raison et en l'esprit qui, avec l'*humanisme*, ouvrait en même temps la voie aux *Temps modernes*. La première Renaissance italienne (xvᵉ siècle) prend sa source à Florence, alors principal centre créateur.

RINCEAUX. — Ses enroulements d'acanthe contrariés et alternés sont traités de manière plus légère que les modèles antiques.

PUTTI. — Avec la renaissance de la figure humaine grandeur nature, Florence tire également de l'Antiquité le type léger et sensuel des *putti* : mélange d'angelots et de figures d'Amour dérivées de Cupidon.

ENCADREMENTS ARCHITECTURAUX. — De l'Antiquité dérivent aussi les motifs d'encadrement d'arcs, de frontons, de voûtes à caissons montés sur colonnes ou pilastres. Ils accentuent l'ordonnance architecturale lorsqu'ils servent d'édicule aux baies ou aux niches. Mais ils peuvent aussi renforcer les effets de trouée et de perspective, en peinture, en ronde-bosse et en relief, par rapport à l'objet représenté au centre. La *pala* (retable) reçoit souvent ce système d'encadrement.

TONDI. — Le médaillon circulaire *(tondo)*, souvent modelé en terre cuite à Florence par l'atelier des Della Robbia, est un motif de composition très employé dans la péninsule.

PILASTRE ET COLONNE-CANDÉLABRE. — Dans le Nord, l'enchevêtrement des rinceaux, des arabesques, des vases et des médaillons recouvre d'un fouillis ornemental le plat des pilastres et les colonnes sculptées en forme de candélabre. Ce « style lombard » domine à Milan, à Pavie, à Brescia, à Côme et en Vénétie.

Rinceaux (Rome, Sainte-Marie-du-Peuple)

Tondo

Putti (Florence, cathédrale, la *Cantoria*)

**Encadrements architecturaux
(Florence, Santa Croce)**

**Colonne-candélabre et pilastre à arabesque
(Côme, cathédrale)**

RENAISSANCE ITALIENNE (XVe SIÈCLE) : ARCHITECTURE

CHAPELLE PAZZI. — Initiateur, le Florentin Brunelleschi tire de l'architecture antique les éléments d'une articulation logique et rationnelle : colonne, linteau, entablement, fronton. Il en fixe les proportions de manière rigoureusement mathématique d'après le module de base hérité du traité romain de Vitruve. Avec lui, la recherche de la clarté et de la cohésion va s'imposer à la Renaissance.

PALAIS MÉDICIS-RICCARDI. — D'aspect cubique et sévèrement massif à l'extérieur, où jouent les pesantes corniches et les bossages énormes, le palais florentin s'ouvre à l'intérieur sur une cour en arcades *(cortile)*.

PALAIS RUCELLAI. — Cette masse, le Florentin Alberti l'assouplit bientôt par une articulation plus harmonieuse et plus logique entre les horizontales et les verticales grâce à l'emploi des ordres superposés et le calcul mathématique des proportions. Ce respect grandissant de la grammaire antique entraîne l'apparition d'ordonnances régulières.

CHARTREUSE DE PAVIE. — A cette mâle affirmation des structures, le style lombard oppose des effets de surface et un art de revêtement dont l'exubérance décorative tend à dissoudre sous sa profusion les formes architectoniques inspirées par l'Antiquité. Que subsiste-t-il de la physionomie classicisante de cette baie sous le fouillis de figures sculptées en relief ou en ronde bosse, les déhanchements des colonnes traitées comme des candélabres? Ce style décoratif triomphe vers la fin du siècle à la façade de la chartreuse de Pavie.

PALAIS VENDRAMIN-CALERGI. — Demeurée longtemps ouverte aux influences byzantines et gothiques, Venise conservera une architecture marquée par l'asymétrie, la polychromie et les arcs brisés, à la Ca'd'Oro par exemple. Puis le style lombard pénètre la cité, rejoint à la fin du siècle par les formules toscanes. De cette dernière période le palais Vendramin-Calergi est caractéristique par l'adaptation des ordonnances d'Alberti au goût local pour les surfaces colorées, l'aération des façades, avec la persistance de la loggia centrale, et les jeux de lumière.

Florence, chapelle Pazzi (1420)

Chartreuse de Pavie (1491-1498)

**Florence, palais Médicis-Riccardi
(1444-1449)**

**Florence, palais Rucellai
(1446-1451)**

Venise, palais Vendramin-Calergi (1481-1509)

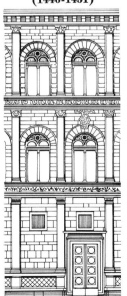

RENAISSANCE ITALIENNE (XVIᵉ SIÈCLE) :
ARCHITECTURE

TEMPIETTO. — Au début du xvie siècle, la primauté de Rome s'exerce d'abord par l'architecture grâce au style monumental inauguré par Bramante. Avec lui, l'emploi correct des ordres empruntés à l'Antiquité est assimilé à un cadre général d'ordonnance de la façade et à la maîtrise des volumes. Ses caractéristiques qui vont s'imposer à l'école romaine — la monumentalité, l'ordre dorique, le plan centré en croix grecque — se retrouvent dans ses projets de la basilique Saint-Pierre dont il entreprend la reconstruction en 1506, à une échelle gigantesque et déjà baroquisante.

PALAIS FARNÈSE. — De Bramante, Sangallo le Jeune hérite le goût de la netteté des structures organiques. Ainsi fixe-t-il dans un esprit monumental le type du grand palais romain que distinguent la franchise des volumes et des ordonnances, l'ampleur nouvelle attribuée aux ailes latérales, l'introduction de plusieurs escaliers. A quoi s'ajoute l'aménagement grandiose et scénique du vestibule, entre la façade et la cour, large de trois travées, rythmées par des colonnes doriques soutenant des voûtes garnies de caissons. En façade, l'absence d'ordres superposés et la répétition des fenêtres à tabernacle définissent un modèle d'avenir.

FARNÉSINE. — Peruzzi fixe le modèle de la villa suburbaine, implantée au milieu des jardins. Il l'ouvre largement sur son cadre de verdure par ses deux ailes et ses arcades centrales. L'articulation classique par travées de pilastres doriques et de simples fenêtres relève de Bramante, mais avec une souplesse tout accordée à l'esprit du programme.

BIBLIOTHÈQUE SAINT-MARC. — A Venise, avec le Sansovino, la rigueur monumentale est associée au goût local pour l'animation des surfaces, les jeux de lumière, les oppositions de plein et de vide.

PLACE DU CAPITOLE. — Au-dessus des règles, Michel-Ange dresse un ordre colossal sur deux étages, interrompt les frontons pour accentuer et animer son parti monumental. A la porte Pia, il emboîte les frontons, emploie des ornements hors d'échelle. Au palais Farnèse, il introduit une loggia centrale surmontée de cartouches énormes et fait saillir une large corniche.

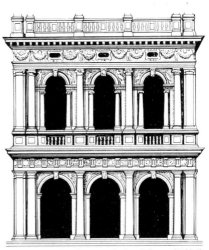

Rome, Tempietto (1502)

Venise, bibliothèque Saint-Marc (1536)

Rome, Farnésine (1509-1511)

Rome, palais Farnèse (1530-1580)

MANIÉRISME ITALIEN (XVIᵉ SIÈCLE) ET CONTRE-RÉFORME

Sous l'influence de l'art expressif et tourmenté de Michel-Ange et de la crise politique introduite par le sac de Rome en 1527, l'idéal de clarté et d'équilibre de la Renaissance cesse brutalement. Le remplace le *maniérisme* : période de déséquilibre marqué par l'imitation outrée et artificielle des grandes formules stylistiques et par l'exacerbation du « moi » des créateurs.

PALAIS DU TÉ. — Principal initiateur du maniérisme, Jules Romain opte pour un art de tension et de contrastes par l'étirement excessif des façades et l'opposition violente des matériaux bruts (bossages plats et rustiques) et des matériaux façonnés (pilastres doriques). Sur le portail l'encadrement en « rustica » dans sa partie supérieure recouvre le bandeau délimitant l'attique. L'effet général de tension tient à l'opposition entre les éléments portants (pilastres) et les éléments pesants (bossages) et à la différence de leurs matériaux.

VILLA ROTONDA. — En Vénétie, à partir du milieu du siècle, Andrea Palladio se distingue par un juste emploi de la grammaire antique qu'il associe à la franchise des volumes et à la définition harmonieuse des masses dans ses villas en forme de temple. La villa Rotonda doit son harmonie à la stéréotomie parfaite de ses volumes géométriques et à l'accord subtil de l'édifice avec son cadre naturel. Ailleurs, Palladio revient à un style plus expressif et plus pittoresque, proche du maniérisme, au palais Valmarana ou à la Loge du Capitaine à Vicence. Il adapte avec bonheur la triple ouverture en *serlienne* : baie centrale en plein cintre, flanquée de deux baies couvertes en linteau.

LE GESU. — Sous l'influence du concile de Trente (1545-1563) Rome reprend la première place dans la deuxième partie du siècle, grâce à l'esprit de la *Contre-Réforme* : réaction religieuse et artistique à la montée du protestantisme. Avec Vignole, le milieu romain revient à une plus juste interprétation de la grammaire antique. Vignole adapte le plan en croix latine aux exigences liturgiques de la Contre-Réforme dans l'église jésuite du Gesù. Avec ses deux niveaux réunis par des ailerons, la façade, due à Della Porta, connaîtra un succès universel.

Vicence, la Rotonda par Palladio

Serlienne
(Vicence, la Basilique)

Mantoue, palais du Té par Jules Romain (1526-1534)

Vicence, palais Valmarana
(1565-1566)

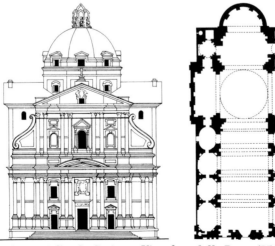

Rome, église du Gesù par Vignole et della Porta (1568)

RENAISSANCE ITALIENNE :
DÉCORATION ET MOBILIER

DÉCORATION. — Les cours des palais étaient entourées d'arcades qu'on revêtait parfois de peintures décoratives comme au Palais vieux de Florence. A Rome, dans les Loges du Vatican, à la villa Madame, Raphaël a eu recours aux stucs colorés : ces décorations sont formées d'un grand nombre de petits motifs : camées, chimères, amours, médaillons réunis par des arabesques. On les appelle « grotesques » *(grotteschi)* c'est-à-dire peintures de grottes, parce que inspirées des peintures mises au jour par les fouilles des monuments antiques.

La *fresque* (peinture murale sur enduit frais exécutée pendant la durée du séchage) était déjà fort employée au xve siècle, y compris dans les intérieurs profanes, par exemple au palais ducal de Mantoue par Mantegna. Au xvie siècle, elle triomphera dans le grand décor étendu aux vastes cycles allégoriques, avec Raphaël aux *Stanze* du Vatican (appartement pontifical), à la voûte de la chapelle Sixtine, œuvre de Michel-Ange, au palais du Té à Mantoue par Jules Romain, etc. A Parme, le Corrège lancera les premiers raccourcis de figures planantes, mises en perspective aérienne, à la coupole de la cathédrale. En simulant un ciel fictif, il a anticipé sur l'art scénographique de l'âge baroque.

Durant la première moitié du xve siècle, on conserva les cheminées à hotte du Moyen Age; cette hotte était soutenue par des consoles reposant sur des colonnettes. Le linteau était orné d'un rinceau. Mais bientôt on dissimula la hotte ou le manteau des cheminées par une décoration en pyramide.

SIÈGES. — Un des types de fauteuil le plus répandu était le fauteuil en X dit « fauteuil à tenailles ». Il consistait en quatre montants se croisant deux par deux; la partie supérieure supportait les deux accotoirs et la partie inférieure reposait sur deux patins. Le dossier était rectiligne ou incurvé. Souvent ce fauteuil avait huit montants en X au lieu de quatre.

Pour recevoir le coussin, il y avait tantôt un plateau de bois, tantôt une sangle de cuir.

COFFRES. — Ayant souvent la forme d'un sarcophage, le coffre repose tantôt sur des pieds en griffes, tantôt sur un socle. Sa décoration consiste en sculptures, en stucs ou encore en peintures séparées par des balustres. De son côté, la marqueterie *(intarsio)* est fortement influencée par les recherches picturales sur la perspective au xve siècle.

RENAISSANCE ITALIENNE :
DÉCORATION ET MOBILIER

Villa Madame

Loges du Vatican

Florence, cour du Palais-Vieux

Coffre à incrustations (Florence)

Sièges en X
(musée de Florence)

Coffre décoré de peintures (Milan)

L'École d'Athènes
Fresque de la Chambre de la Signature
Appartement de Jules II au Vatican
(1509-1511) par Raphaël

Les années 1500-1530, période de la « Renaissance classique », représentent la synthèse triomphante des recherches amorcées par le XVe siècle en architecture, en sculpture comme en peinture. Nulle part cette pleine maîtrise des moyens d'expression ne transparaît mieux que dans les grands cycles de peinture décorative dont Raphaël Sanzio (1483-1520) orna l'appartement pontifical de Jules II au Vatican, avec l'aide de son atelier.

La science de la perspective, l'heureux balancement des masses architecturales, dont la physionomie restitue les riches ordonnances de l'Antiquité avec clarté et précision, le sens du groupement harmonieux des personnages : toutes les qualités du métier tendent à l'expression noble et sereine d'un seul et même dessein. Thème majeur de la Renaissance classique, celui-ci consiste dans l'alliance heureuse de la culture antique et des impératifs du dogme chrétien, dans la réconciliation, au nom d'une même finalité, de l'esprit païen et de l'esprit religieux, de la Rome impériale et de la Rome de la papauté. Par ses thèmes allégoriques, la Chambre *(Stanze)* de la Signature regroupe le monde de la Religion *(Dispute du saint sacrement)*, de la Poésie *(le Parnasse)*, des Arts et des Sciences *(L'École d'Athènes)* dans une synthèse universelle de la Chrétienté et de l'Humanisme, du Ciel et de la Terre.

PREMIÈRE RENAISSANCE FRANÇAISE : ÉLÉMENTS DE DÉCORATION

Apparue au xvie siècle, la Renaissance française comprend deux grandes périodes. La première, engendrée par les expéditions militaires de Charles VIII, Louis XII, puis François Ier en Italie, correspond à l'apprentissage progressif de la Renaissance italienne, importée d'abord dans la Loire (1495-1525) puis en Ile-de-France (1527-1540), où les maîtres italiens créeront, au retour de captivité de François Ier, un centre décoratif d'audience internationale : l'école de Fontainebleau. La seconde grande période, qui s'étend des années 1540 à la fin des Valois (1589), correspond à la naturalisation de la Renaissance. A partir de Henri II, les artistes français prennent la relève de leurs confrères italiens et développent un art savant et original, sans cesse plus ambitieux.

Arabesques. — L'introduction du répertoire italianisant correspond d'abord à l'adoption et au traitement particulier de l'arabesque. A la technique fouillée de l'art gothique, caractéristique par sa taille en arête aiguë et ses forts contrastes d'ombre et de lumière, s'ajoute puis se substitue un modelé adouci qui joue davantage en surface. Le succès de l'arabesque confère aux compositions ornementales un goût plus sensible de la symétrie.

Rinceaux. — Ils accueillent putti, cartouches, coquilles, mascarons, bucranes, oiseaux affrontés dans le goût antique.

Balustres. — Ils offrent une forme dite « en double poire ».

Colonnes-candélabres. — Les affinités entre l'art flamboyant et l'art de l'Italie du Nord ont fait le succès du style lombard, celui de Milan, de la chartreuse de Pavie, fort admiré pour son fouillis ornemental par les Français lors de leurs expéditions. Ainsi retrouve-t-on assez vite sur la Loire la forme candélabre (vases superposés à la manière d'un chandelier).

Pilastres. — Les mêmes influences expliquent l'enchevêtrement de rinceaux, d'arabesques et de vases sur les pilastres. Leur fût plat s'orne également de motifs circulaires et en losange.

Médaillons. — Entre autres motifs antiquisants, on trouve des médaillons ornés de figures d'empereurs et de bustes saillants.

Rinceaux de feuillages (musée de Toulouse)

Balustre

Colonne-candélabre

Deux putti
(château de Blois)

Médaillon
(Azay-le-Rideau)

Lucarne
(château de Blois)

Arabesques

Pilastres

PREMIÈRE RENAISSANCE FRANÇAISE :
ÉLÉMENTS D'ARCHITECTURE

Comme les éléments de décoration, les éléments d'architecture sont librement inspirés de la Renaissance italienne.

Voûtes a dalles. — Les plafonds et les voûtes sont souvent « à caissons ». Ici, les caissons sont des dalles sculptées portées sur un réseau de nervures en pierre. Les points de rencontre (A) sont ornés de rosaces et parfois de clefs pendantes.

Chapiteaux. — Ce n'est que dans la deuxième Renaissance (seconde moitié du xvie siècle) que les chapiteaux seront des copies ou des inspirations directes des chapiteaux gréco-romains; à l'époque François Ier, on maîtrise moins les modèles antiques et on n'hésite pas à introduire des éléments décoratifs nouveaux.

Ici, la rosace classique ornant le centre du tailloir devient un buste ou une tête et les volutes des chapiteaux ioniques et corinthiens deviennent des figures émergeant de cosses de graines ou de cornes d'abondance.

Cul-de-lampe. — On sait qu'on désigne sous ce nom le motif en saillie qui reçoit la retombée des arcs et qui rappelle la forme évasée des lampes suspendues. Les sculpteurs de la première Renaissance ont prodigué dans les culs-de-lampe une quantité de petits motifs exquis comme à Chambord où trois minuscules consoles ornent la partie inférieure tandis que deux putti et un cartouche ornent la partie supérieure.

Corniche a coquilles. — Très fréquentes à l'époque François Ier, elles consistent en une série de petites niches sous des arcatures plein cintre et dont le fond contient une coquille. La corniche à coquilles est souvent accompagnée de petites consoles ou de modillons tantôt renversés, tantôt droits et qui sont placés au-dessus ou au-dessous des niches à coquilles.

Voûte à dalles sculptées (château de Chambord)

Chapiteau (château de Chambord)

**Cul-de-lampe
(Chambord)**

Corniches à coquilles (château de Blois)

LUCARNES. — La tradition nationale se reconnaît au verticalisme des façades, à la hauteur des toitures garnies de lucarnes : parties hautes où le décor sculpté l'emporte généralement. C'est là que dominent les motifs italianisants. La baie des lucarnes est encadrée de pilastres et de chapiteaux. Au-dessus, le motif en tabernacle, pourvu de niche et de fronton, réunit coquilles, putti, arabesques ou rinceaux et clochetons en forme de candélabre.

AZAY-LE-RIDEAU. — Jusqu'en 1527, la première Renaissance s'établit surtout sur la Loire, alors résidence favorite de la Cour. L'appareil défensif des châteaux, bien qu'inutile, est conservé comme élément décoratif. Ainsi les échauguettes, ici, sont transformées en tourelles d'angle en encorbellement. Mais, progrès sensible dans l'ordonnance : la façade est divisée en un quadrillage plus équilibré par le jeu des bandeaux horizontaux et des pilastres superposés encadrant les fenêtres.

CHAMBORD. — Ici les pilastres se retrouvent à intervalles réguliers : l'ordonnance se perfectionne en surface mais nullement dans les structures qui s'apparentent à celles d'un château fort médiéval avec ses tours rondes. Le décor exubérant s'attache aux toitures hérissées de souches de cheminées, de lucarnes, de tourelles. Il les garnit de losanges ou de disques d'ardoise, de tabernacles et de culs-de-lampe traités dans le goût de l'Italie du Nord. La nouveauté consiste plutôt dans la symétrie du plan intérieur dont le centre est occupé par l'escalier à vis en double spirale.

LOGES DE BLOIS. — Sous François Ier, apparaît dans le château, déjà enrichi par Louis XII, la première tentative d'ordonnance en travée rythmique, mais associée à un système de baies creusées en loges. Cette alternance d'arcades et de niches encadrées de pilastres est gauchement imitée des modèles romains de Bramante. Inachevée, cette façade n'a pu recevoir un décor italianisant comparable à celui de l'aile François Ier sur cour. Mais en architecture, l'une et l'autre marquent un progrès dans l'imitation des modèles antiques par la substitution des profils pleins et nets aux arêtes aiguës de la mouluration gothique.

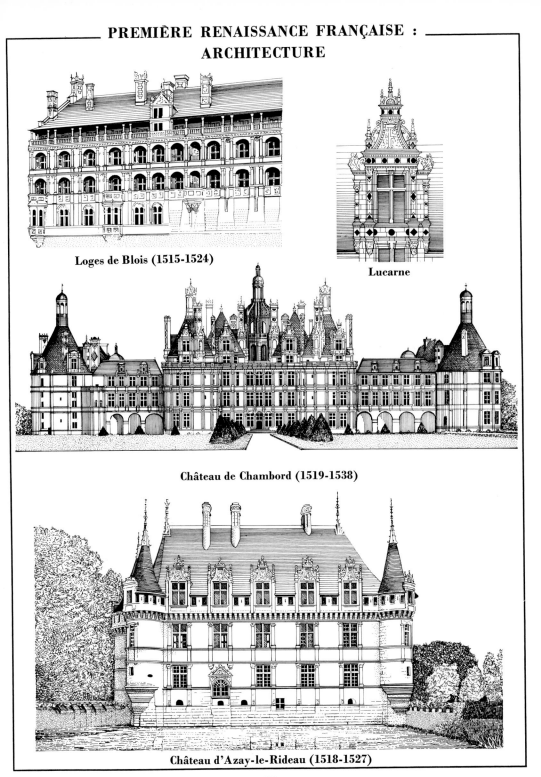

Loges de Blois (1515-1524)

Lucarne

Château de Chambord (1519-1538)

Château d'Azay-le-Rideau (1518-1527)

RENAISSANCE FRANÇAISE :
ÉCOLE DE FONTAINEBLEAU

A partir de 1530, sous l'influence des Italiens Rosso et Le Primatice, attirés en France par François Iᵉʳ, l'école de Fontainebleau lance les grandes formules d'un style décoratif qui va s'imposer à l'Europe. C'est ainsi que le grand décor reçoit en France sa première formulation d'ensemble grâce à l'alliance du stuc et de la fresque aux lambris et aux boiseries des planchers et des plafonds.

LA FIGURE. — Dans ces vastes ensembles décoratifs prennent place des cycles allégoriques ou figuratifs, ou même de simples compositions peintes comme sur les cheminées du château d'Écouen, qui mettent au premier plan la figure. Mais, conçue elle aussi comme un élément décoratif, cette dernière se plie à la formulation d'ensemble et aux exigences de la composition, de la même manière que les guirlandes ou les cartouches. Son échelle, son canon suivront donc les impératifs de l'effet d'ensemble. D'une manière générale, elle doit au maniérisme italien introduit et renouvelé par Rosso et Le Primatice un aspect fluide et allongé, en particulier pour le nu féminin qu'anime « la ligne serpentine ».

CARTOUCHES ET CUIRS. — Grâce à Rosso, l'école de Fontainebleau développe les capacités décoratives du cartouche en l'associant aux enroulements et aux souples découpages du cuir. Cette formule connaîtra un succès universel.

ENCADREMENTS DE STUC. — L'introduction du stuc permet d'enrichir les fresques ou les médaillons de bordures en fort relief. Ce système d'encadrement, dû, semble-t-il, à Rosso, s'anime de figures, de putti, de guirlandes de fruits, de bucranes, de satyres, de mascarons, au milieu de l'ondulation des cuirs et des trouées des niches. A leur pourtour, les douze panneaux rectangulaires de fresques de la galerie François Iᵉʳ à Fontainebleau ont reçu ce riche décor plastique. On rencontre des ensembles décoratifs d'esprit semblable aux châteaux de Roiron et d'Écouen, mais où déjà les compositions en stuc sont exécutées en trompe-l'œil.

RENAISSANCE FRANÇAISE :
ÉCOLE DE FONTAINEBLEAU

Cartouches et cuirs (Fontainebleau)

Figures
(Fontainebleau,
chambre
de la duchesse
d'Étampes)

Encadrements de stuc (Fontainebleau, galerie François 1er)

DEUXIÈME RENAISSANCE FRANÇAISE :
ÉLÉMENTS DE DÉCORATION

La seconde Renaissance marque la maturation du style apparu au début du siècle ainsi que sa naturalisation. A partir de 1540, une génération nouvelle d'artistes français opère une synthèse originale entre la leçon antique, celle de la Renaissance italienne et les traditions nationales. Philibert De L'Orme, Pierre Lescot, Jean Bullant, et le sculpteur Jean Goujon définissent alors une architecture et un décor savants.

LES ORDRES. — Le respect de la grammaire antique passe par un emploi des ordres conforme à la destination de l'édifice et à la logique. Pour les superposer, on procède donc du plus massif au plus léger en élevant d'abord le dorique, puis l'ionique et enfin le corinthien. Chaque ordre reçoit un traitement autonome qui s'étend à la physionomie et aux proportions de la base, du chapiteau et de l'entablement aussi bien que de la colonne. Élément régulateur et facteur de symétrie, l'ordre décide alors de l'ordonnance de la façade. Aux types classiques, De L'Orme, soucieux de masquer les joints entre les tambours, ajoute le dorique et l'ionique français : colonnes ou pilastres dont les cannelures, le long du fût, sont interrompues par des bagues ornées ou incrustées de bandes de marbre.

RENOMMÉES. — Nombreuses dans les écoinçons et autour des oculi, elles sont inspirées de l'Arc de Constantin. Elles tiennent souvent des palmes ou une couronne dans la main.

GROTESQUES. — Ils subsistent en grand nombre dans des compositions de rinceaux garnis de satyres, de griffons, de draperies et de guirlandes.

TERMES ET CARIATIDES. — On les trouve surtout à partir du milieu du siècle, en particulier dans la région de Toulouse mais aussi en Bourgogne et en Franche-Comté.

MONOGRAMMES. — Le croissant, de même que le double D forment le monogramme de Diane de Poitiers, auquel on associe l'initiale de Henri II dont elle était la maîtresse.

CARTOUCHES. — Hérités de l'école de Fontainebleau, les cartouches et leurs enroulements ou découpures inspirés des cuirs subsistent en grand nombre.

DEUXIÈME RENAISSANCE FRANÇAISE :
ÉLÉMENTS DE DÉCORATION

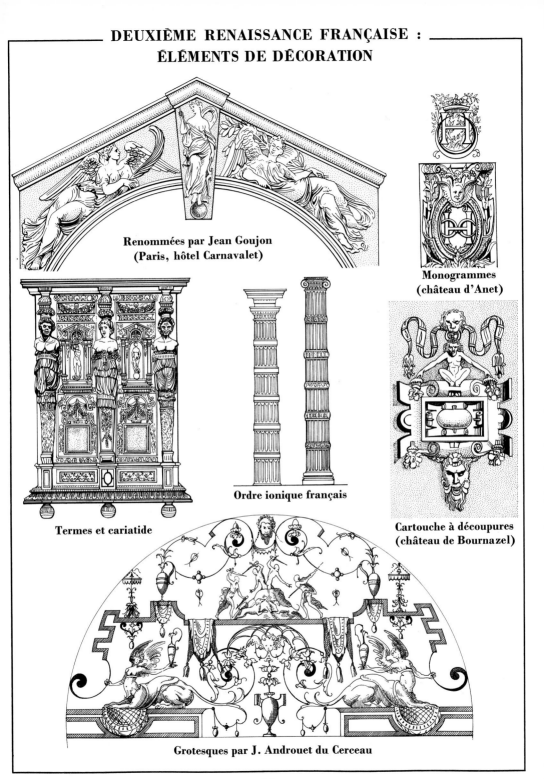

Renommées par Jean Goujon
(Paris, hôtel Carnavalet)

Monogrammes
(château d'Anet)

Termes et cariatide

Ordre ionique français

Cartouche à découpures
(château de Bournazel)

Grotesques par J. Androuet du Cerceau

DEUXIÈME RENAISSANCE FRANÇAISE : ARCHITECTURE

ANCY-LE-FRANC. — Serlio adapte l'architecture « modulaire » d'Italie au climat (toitures hautes et lucarnes) et aux traditions locales (verticalisme des travées). Seuls ici les légers frontons à enroulement des fenêtres du premier étage rappellent la première Renaissance. Pour le reste, rien ne vient distraire l'ordonnance uniforme et des baies en arcades ou en fenêtres séparées par une travée de pilastres jumelés renfermant une niche, et montés sur un haut stylobate. Cette alternance d'une baie principale et d'une baie secondaire (ici feinte puisque représentée par une niche) encadrée de pilastres représente un des premiers exemples de travée rythmique traité avec une telle franchise et une telle rigueur.

COUR DU LOUVRE. — Cette exigence de clarté se poursuit au Louvre avec la façade sur cour entreprise à partir de 1546 par Pierre Lescot. Ici le verticalisme des trois avant-corps décrochés est contrebalancé par les horizontales du corps de logis. Le tout est réuni dans une ordonnance par niveaux (rez-de-chaussée, étage noble, attique) et une gradation subtile du décor qui culmine à l'étage d'attique. Les arcades, les colonnes jumelées, séparées par des niches, les fenêtres à consoles pourvues de frontons alternativement arrondis et triangulaires et les oculi suscitent de nombreux jeux de lumière. A quoi s'ajoute un décor antiquisant de figures de Renommées, de cartouches enrichis de feuillages, de frises de putti et de guirlandes, dû à l'atelier de Jean Goujon, qui triomphe à la manière d'un manifeste sur l'attique garni d'esclaves, de guerriers, de trophées et de divinités mythologiques.

PORTIQUE D'ÉCOUEN. — Les recherches sur le juste emploi des ordres, comme cadre d'ordonnance de l'élévation, entraîne Jean Bullant à s'inspirer de l'ordre colossal du Panthéon romain pour son portique de l'aile méridionale du château d'Écouen. Ses quatre colonnes occupent les deux niveaux jusqu'à la base des toitures. Ce choix décide des proportions de l'entablement, de son décor de palmettes à l'architrave, de trophées en manière de frise sous une corniche à denticules.

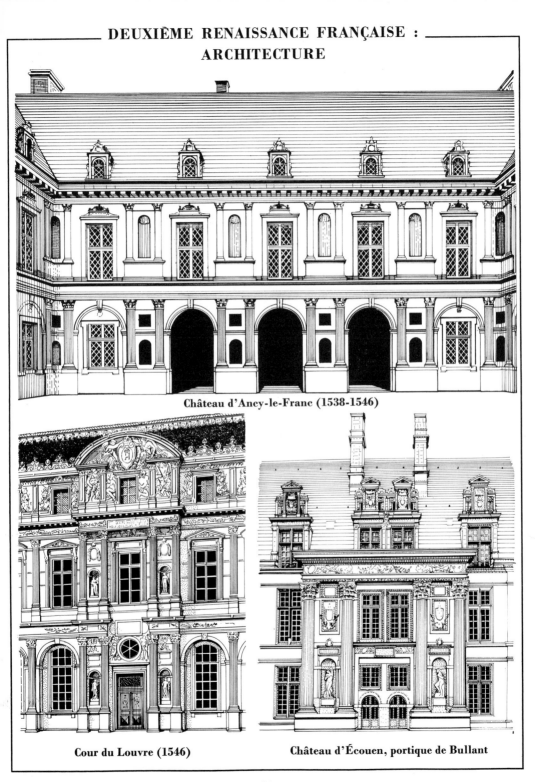

Château d'Ancy-le-Franc (1538-1546)

Cour du Louvre (1546)

Château d'Écouen, portique de Bullant

CAQUETOIRES. — D'abord lourds et encombrants au début du siècle parce que demeurés fidèles aux formes du Moyen Age, les sièges se résument aux bancs et aux chaires, parfois sur estrade, au dossier haut et déjà sculpté de motifs italianisants. Puis la structure s'allège : la chaire se métamorphose en chaise à bras (caquetoire) aux accotoirs souvent demi-circulaires, ou en chaise sans bras.

TABLES. — Constituée à l'origine d'un simple plateau volant posé sur des tréteaux, la table devient peu à peu un meuble construit au plateau fixé sur des supports extrêmes, souvent réunis par une traverse en arcature ou en motifs ajourés. C'est la table « à éventail », richement sculptée, comme en Italie, de volutes ou de figures de monstres sur ses supports et de godrons à la ceinture.

CABINET. — A partir du règne de Henri II apparaissent des incrustations de bois et de marbre, tandis que la sculpture gagne en importance en Bourgogne et dans la région lyonnaise. Venu d'Italie, le cabinet, avec ses deux corps et son ordonnance architecturale de colonnes, de consoles et de frontons, reçoit un décor en faible relief, en Ile-de-France, et des incrustations de marbres polychromes.

LAMBRIS. — Au début de la Renaissance, les lambris « à petits cadres » perpétuent la tradition médiévale et ses divisions en plusieurs rangs de panneaux superposés. Par la suite, on se bornera à plier parfois ces panneaux à une alternance de pilastres ou de piédroits, comme à la chambre de Henri II au Louvre, pour doter les lambris d'une ordonnance aussi antiquisante que leur vocabulaire de trophées, de chutes de fruits, de centaures et de chevaux marins. Sur les portes et les lambris on trouve également des motifs inspirés par les stucs de Fontainebleau : mascarons, figures gainées, putti et surtout les enroulements et les bandes des cuirs découpés comme aux portes des fonts de l'église Saint-Maclou à Rouen, œuvre de Goujon.

CHEMINÉES. — Leur hotte saillante reçoit un abondant décor sculpté. A partir du règne de Henri II, certaines se plient à une ordonnance architecturale d'esprit classique.

Table et fauteuil dit caquetoire (Louvre)

Plafond

Lambris, chambre Henri II (Louvre)

Cabinet (Ile-de-France)   **Cheminée (château de Graves)**

Tombeau de François Ier
Basilique de Saint-Denis
sous la direction de Philibert De L'Orme
et de Pierre Bontemps (vers 1547-1561)

L'influence de l'Antiquité confère un aspect monumental aux édicules funéraires. Ainsi De L'Orme adapte-t-il la forme de l'arc de triomphe antique au tombeau de François Ier, sur le modèle de l'Arc de Septime Sévère, remplaçant toutefois l'ordre corinthien par l'ordre ionique. Des impératifs d'emplacement l'obligent également à situer les arches latérales en retrait : disposition qui accentue la profondeur de l'édifice (dont le soubassement, et la voûte en berceau sont couverts de bas-reliefs) et donne une grande majesté aux personnages agenouillés sur la plate-forme supérieure. L'entablement très riche emprunte à l'Antiquité romaine ses moulures garnies de feuilles d'oves, d'olives, ses jeux de tables en pierre blanche et noire. Cet éclat ornemental est tempéré par la légèreté des fûts de colonnes et la finesse des figures de Renommées dans les écoinçons. A l'intérieur de l'édicule, des gisants à la nudité héroïque ont remplacé les « transi » d'époque médiévale.

Parti d'Italie au xvᵉ siècle, le mouvement s'étend en France, aux Pays-Bas, en Allemagne, en Angleterre, en Espagne.

L'occupation par les Espagnols de la Belgique de 1506 à 1712, et jusqu'en 1648 de la Hollande, n'a pas laissé de traces très sensibles. La Renaissance italienne affecte d'abord le décor, sans toucher aux structures grâce à des ornemanistes comme Vredeman de Vries ou Floris.

LEYDE-HOTEL DE VILLE. — La Renaissance pénètre assez tard en Hollande. Bien que daté de 1597, cet édifice relève de la tradition locale par ses pignons immenses, élément principal de la composition. Ces pignons marquent leur étagement, comme ici, par des pinacles et des ailerons qui « rachètent » les différences de largeur.

ANVERS-HOTEL DE VILLE. — Mélange de traditions flamandes (pignons, hautes toitures à lucarnes) et d'apports italiens (bossages rustiques, loggias, vocabulaire antiquisant), cet édifice réussit aussi à harmoniser la division par étages avec les nombreuses divisions verticales. On peut adresser le même éloge aux architectes des maisons de Gand de la même époque, dont les plus célèbres sont la « maison des Bateliers » et celle des « mesureurs de grains ». Le grand pignon de l'hôtel de ville d'Anvers (1561-1565), œuvre de Cornelis de Vriendt, dit Floris, forme, à lui seul, une belle composition; il repose sur un avant-corps de faible saillie, dont le soubassement en bossages forme un vigoureux piédestal aux cinq ordonnances superposées. Outre les deux édifices ci-dessus, on doit citer le beau palais des Princes Archevêques (actuellement palais de justice), à Liège, l'ancien « Greffe » de Bruges (1536), une des plus charmantes compositions de la Renaissance en Belgique, l'hôtel de ville de La Haye (1565).

MAISON PLANTIN. — Tous ceux qui ont visité la Belgique connaissent ce charmant hôtel d'Anvers qui nous est parvenu en parfait état. Dans la décoration intérieure, avec ses hauts lambris, on rencontre quelques éléments de la première Renaissance tels que les rinceaux, mais les cariatides en gaines de la cheminée et de la porte indiquent nettement la deuxième Renaissance.

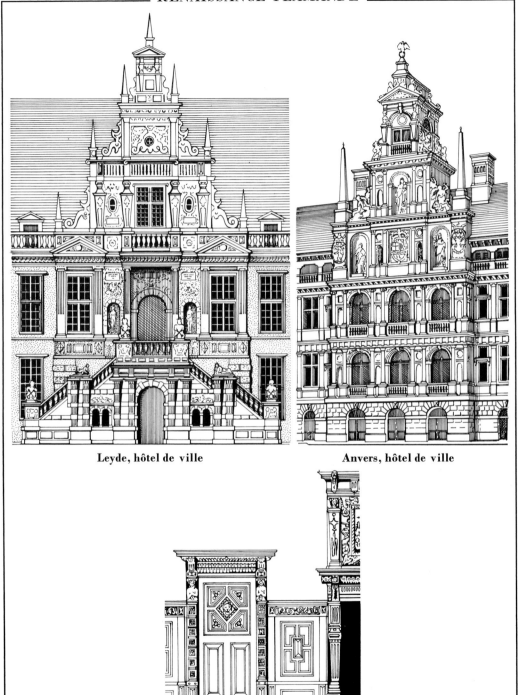

Leyde, hôtel de ville

Anvers, hôtel de ville

Anvers, maison Plantin

Dans les pays germaniques, la pénétration de la Renaissance se heurte à l'esprit de la Réforme, très sensible en Allemagne du Nord. Grâce à la bourgeoisie marchande, l'Allemagne du Sud s'ouvre beaucoup plus vite aux formes italianisantes, dans des centres culturels comme Nuremberg, Augsbourg ou Bâle. Ce n'est qu'à partir de la seconde moitié du XVIᵉ siècle que se dégage un style de Renaissance nordique. Encore l'Allemagne, comme la Suisse, se borne-t-elle à un compromis entre l'apport de la Renaissance et les traditions gothiques. Un placage d'éléments décoratifs de la première Renaissance (de style lombard ou vénitien) se superpose alors aux oriels et aux pignons traditionnels dans les maisons patriciennes. Un ornemaniste comme Dietterlin lance un style d'entrelacs nourris d'éléments antiquisants et d'éléments fantastiques. A la fin du siècle, le Nord s'ouvre aux formes nouvelles grâce aux influences flamandes, comme en témoigne l'aile Otton-Henri du château d'Heildelberg.

SAINT-MICHEL DE MUNICH. — Ville catholique, Munich accueille, au milieu du siècle, l'esprit de la Contre-Réforme avec les jésuites. Mais ici l'influence de la façade du Gesù de Vignole est combinée avec le système traditionnel du pignon allemand.

MAISON PELLER. — A Nuremberg, Flotner a introduit assez tôt la surcharge décorative du style lombard. Elle disparaît ici au profit de la plastique robuste des bossages. L'ordonnance régulière des percées, soulignée par les pilastres, est cependant associée au pignon à trois étages. Ces parties hautes présentent un décor de frontons et d'ailerons dont l'esprit classicisant s'oppose de même au maintien des pinacles.

SIÈGES. — En Allemagne du Nord domine un mobilier d'inspiration hollandaise. Ce courant n'exclut pas la pénétration des *sgabelli* italiens adaptés au goût local.

CABINET. — Inspiré des modèles italiens, il jouit d'une grande vogue avec son décor architectural, ses marqueteries de bois et ses placages d'ébène incrusté d'écaille, d'ivoire et de nacre. Nuremberg et Augsbourg sont d'importants centres de fabrication et d'exportation.

Munich, Saint-Michel (1583-1597)

Sièges (musée de Bâle)

Cabinet à deux corps
(Paris, musée des Arts décoratifs)

Sous Henri VIII subsistent encore les plafonds en « éventail » : ultime aboutissement des voûtes à lierne et tierceron (chapelle Henri VII, Westminster). La Renaissance ne se traduit d'abord que par le placage sur les structures gothiques traditionnelles d'éléments décoratifs italianisants. Ces derniers sont en partie importés par l'intermédiaire des Flandres, en particulier pour ce qui est du goût du *strapwork* : ornements en forme de lanières de cuir aux enroulements et aux découpures nombreux. Sous Henri VIII, on élève Hampton Court, le collège Christ Church, celui de la Trinité à Cambridge, tous bâtiments encore gothiques. La Renaissance architecturale ne débute en fait qu'à l'époque élisabéthaine (1558-1603).

LONGLEAT HOUSE. — Dans ce bâtiment, les éléments de provenance italienne, française ou flamande sont subordonnés à la tradition du style perpendiculaire. Comme à Hardwick Hall, une symétrie rigoureuse préside à l'ordonnance de la façade, définie par le quadrillage régulier des fenêtres et des bow-windows, de faible saillie. Sur ce réseau uniforme, les pilastres et les médaillons introduisent une discrète note classicisante, sans altérer l'effet des surfaces planes. L'horizontalité est accentuée par les bandeaux, et au sommet par les balustrades, ainsi que par l'emploi des trois ordres aux trois étages de bow-windows.

QUEEN'S HOUSE. — L'époque jacobéenne (1603-1625) est marquée par l'apparition d'un classicisme original grâce à l'architecte Inigo Jones. De la Renaissance italienne, ce dernier retient les volumes purs et harmonieux des villas de Palladio. La symétrie élisabéthaine est assimilée ici à une définition de l'édifice conçu comme un tout. La netteté des volumes, marquée par la disparition des oriels (bow-windows) et des toitures mouvementées, se mesure au toit en terrasse, à la faible saillie de la loggia : seul accent avec les refends du rez-de-chaussée de ces façades privées de tout décor. Le raffinement tout italien des colonnes, les proportions étudiées des fenêtres confirment l'avènement de l'architecture classique du XVIIe siècle.

Greenwich, Queen's House (1616-1636) par Inigo Jones

Hardwick Hall

Longleat House (vers 1572)

ART BAROQUE (XVIIe ET XVIIIe SIÈCLES) :
ÉLÉMENTS DE DÉCORATION

Né à Rome dans le premier tiers du xviie siècle, le baroque correspond à la seconde phase de la Contre-Réforme, période de triomphalisme qui fait suite à la réaction sévère et académisante de la fin du siècle précédent. En opposition à l'art mondain, il répond d'abord à un souci d'expression plus populaire, en accord avec les objectifs de l'Église conquérante. Le souci d'emporter l'adhésion du plus grand nombre aux valeurs spirituelles multiplie les effets de surprise et les appels à la sensibilité, à l'émerveillement. Ainsi voit le jour, entre 1630 et 1670, une rhétorique du contraste, du mouvement, du trompe-l'œil et de la surcharge : caractères qui font du baroque moins un style qu'une tendance. D'où un art déclamatoire, riche en ostentation et en prestiges scéniques, dont les germes se propagent en Italie du Nord, en Espagne, au Portugal, et en Europe centrale pour rayonner en Autriche, puis en Allemagne du Sud jusqu'au milieu du xviiie siècle. A partir des années 1730, le style rococo triomphe des tendances baroques en Europe centrale.

Colonnes torses. — Elles présentent sur les colonnes droites l'avantage d'accentuer le mouvement et d'accrocher les effets de lumière : qualités qui font leur succès dans le décor intérieur.

Gloire. — La recherche de l'effet théâtral suppose la collaboration de tous les arts, et dans les églises l'union du terrestre et du surnaturel pour exalter le triomphe de la religion. Les *rayons* de la gloire sont éclairés par la *coupole* céleste. Peint sur *toile*, le martyre du saint prend toute sa dimension avec l'apparition dans l'*espace architectural* des *angelots en stuc* qui, penchés sur le *cadre en marbre* du tableau, encouragent l'apôtre du regard et du geste. Un même élan ascensionnel unit toute la composition.

« Quadratura ». — La peinture en trompe-l'œil, relayée par les stucs réels ou feints, permet de simuler dans les plafonds des architectures ou des ciels peuplés de figures planantes et ceinturés par des consoles et des balustrades : science de la perspective aérienne appelée *quadratura*. Dans les voussures, des atlantes en trompe-l'œil « supportent » ici la corniche.

Cartouches et frontons rompus. — Expression du goût général pour les saillies, les décrochements et l'insistance plastique, ils témoignent d'une grande liberté d'invention.

ART BAROQUE (XVIIᵉ ET XVIIIᵉ SIÈCLES) : ÉLÉMENTS DE DÉCORATION

Cartouche (Florence)

Gloire (Saint-André-du-Quirinal)

Colonnes torses et frontons rompus (Rome, Saint-Ignace)

Quadratura (Rome, galerie Farnèse par les Carrache) (1597-1604)

FAÇADE DE SAINT-PIERRE. — Maderno annonce dès le début du siècle un des caractères du baroque : la recherche des effets de contraste ici obtenus par la rupture de proportion d'une part entre la façade démesurément allongée et le dôme, et d'autre part entre l'ordre colossal et l'attique écrasé par la masse gigantesque du portique. Ainsi s'affirme l'indépendance de la façade, désormais plaquée sans lien logique avec les structures internes de l'église.

COLONNADE DE SAINT-PIERRE. — Vaste décor architectural, conçu pour compenser la largeur excessive de l'église, la colonnade du Bernin témoigne en même temps du traitement baroque de l'espace et de la perspective. Génératrices d'effets de surprise et de mouvement, ces trois galeries en ellipse ménagent un accès théâtral à la basilique.

SAINT-CHARLES-AUX-QUATRE-FONTAINES. — Absence totale de surface plane : tel est le parti retenu par Borromini, spécialiste du mouvement. Un mouvement obtenu non pas par un décor surimposé, mais par l'imbrication des plans, des portions concaves et convexes. Leur succession crée une surface ondulatoire, accentuée par le contrepoint de la tourelle ovale en saillie et de son balcon insérés dans une travée concave.

LE PALAIS BARBERINI. — Le palais emprunte aux villas de la fin du siècle précédent ses ailes en retour. En revanche, il s'ouvre largement au rez-de-chaussée avec les arcades évidées de sa galerie inférieure. Bien qu'harmonieuse, la façade ne correspond pas à l'ordonnance intérieure du logis.

VIERZEHNHEILIGEN. — Cher aux baroques, le plan ovale autorise toutes les combinaisons entre le plan central et les éléments longitudinaux, animateurs d'espace. On assiste ici à un éclatement du plan cruciforme traditionnel basé sur l'imbrication de deux espaces perpendiculaires. Neumann opte pour un déroulement spatial, riche en surprises, qui substitue à l'orientation habituelle une succession d'ellipses comme engendrées de manière concentrique par l'autel commémoratif situé au centre de la nef de cette église de pèlerinage.

Rome, colonnade de Saint-Pierre

Rome, église Saint-Charles-aux-Quatre-Fontaines
par Borromini

Rome, palais Barberini

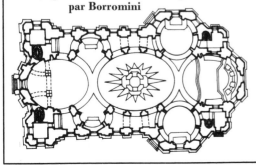

Église de Vierzehnheiligen, plan

BALDAQUIN DE SAINT-PIERRE. — Élevé au centre de la coupole, il représente le triomphe de l'idéal religieux axé sur l'éclat de la liturgie. Il demeure comme un manifeste baroque par ses exigences contradictoires : le gigantisme des proportions d'une part, la transparence et la légèreté de l'autre, liées au souci de visibilité du culte, lesquelles expliquent le choix des colonnes et des torsades. A quoi s'ajoutent le riche éclat du décor de bronze, de marbre et d'or et l'animation des ailes et des draperies introduite par les figures d'anges.

CHAIRE DE SAINT PIERRE. — Œuvre du Bernin, la chaire de saint Pierre dans la même basilique réunit les suggestions scéniques les plus hardies du baroque romain. Et d'abord — objectif de cette « religion sensible » prônée par la Contre-Réforme — la réunion du monde terrestre et du monde spirituel, représentés ici par deux registres distincts : en bas les Pères de l'Église latine et de l'Église grecque, en haut la vision du ciel évoqué par la colombe du Saint-Esprit environné d'une gloire. A la jonction des deux registres, au-dessus du reliquaire, des angelots, figures d'intercesseurs, présentent au milieu des nuages les clefs et la tiare pontificale. A chaque registre correspond un choix symbolique des matériaux : le bronze et les marbres pesants dans la partie inférieure, le stuc et l'or aériens dans la partie supérieure. Mais, comme toujours chez le Bernin, la composition n'en est pas moins synonyme de mouvement et d'apesanteur. Les Pères de l'Église accompagnent plus qu'ils ne supportent le lourd siège reliquaire qu'environnent l'éclat théâtral et illusionniste de la gloire et son tourbillon fantastique d'angelots.

SAINT-NICOLAS-DE-MALA-STRANA. — Caractéristique de la seconde phase du baroque, en Europe centrale, cette église de Prague met moins l'accent sur les surfaces et la richesse pesante du coloris et des matières que sur l'éclairage et la transparence. Dans la nef, le jour provient des chapelles et des tribunes. Simple écran scénique, la maçonnerie se dissout, se volatilise sous les vibrations lumineuses créées par les balustres incurvés et la position en biais des pilastres par rapport à la nef. Effet d'optique que couronne la confusion délibérée dans les parties hautes entre architecture réelle et architecture feinte.

Chaire de saint Pierre par Le Bernin

Baldaquin de Saint-Pierre par Le Bernin

Saint-Nicolas-de-Mala-Strana par K.I. Dientzenhofer

Glorification du règne d'Urbain VIII par Pierre de Cortone (1596-1669) Rome, plafond du grand salon du palais Barberini (1633-1639)

L'âge baroque correspond au triomphe des décors peints d'architecture feinte *(quadratura)*. Cet art consiste à prolonger l'architecture au-dessus des corniches par la représentation d'un espace fictif dans le plafond selon les lois de la perspective aérienne. Jusque-là, à l'exception du Corrège et des Vénitiens, les artistes comme Michel-Ange à la Sixtine ou les Carrache à la galerie Farnèse (voir p 103) n'avaient pas pratiqué la perspective unifiée. Ils se contentaient de diviser la voûte par un cadre architectural feint (de compartiments ou de voussures supportés par des atlantes en stuc ou imitation stuc) et d'y introduire des figures dans des *quadri riportati* (compositions hors perspective présentées dans de faux cadres). A la suite de Cortone, les baroques vont briser cette fragmentation pour unifier l'ouverture du ciel fictif et créer un espace aérien continu peuplé de figures planantes perçues d'un point de vue unique. A la périphérie, subsiste un riche encadrement architectural, réel et feint, alourdi de figures et d'ornements en stuc peints ou dorés. Pierre de Cortone a exécuté d'autres plafonds au palais Pitti à Florence, complétés par de riches garnitures de stuc. A Saint-Ignace, le père Andrea Pozzo (1642-1709) a brossé entre 1691 et 1694 le plafond romain sans doute le plus ambitieux de l'art scénographique des temps baroques.

En dépit de l'évolution souvent sensible des formes, on élargit généralement la notion de « style Louis XIII » (1594-1640) à l'époque Henri IV. A l'origine de la décoration, on trouve les influences les plus diverses : celles du baroque italien et du baroque venu des Flandres, celle de l'école de Fontainebleau qui connaît un riche renouveau sous Henri IV. D'où l'aspect disparate et fortement contrasté de l'art décoratif, caractéristique par la vigueur de la mouluration et l'exubérance des formes.

CARTOUCHES. — Comme à Fontainebleau, ils épousent les courbes, les découpages, les échancrures et les perforations des cuirs. Sous l'influence du baroque, leurs moulurations, bientôt épaisses et grasses, multiplient les renflements et les saillies. De ce dernier type se détache le cartouche dit « auriculaire » parce que sa physionomie molle et cartilagineuse évoque le lobe de l'oreille.

FRONTONS. — Au baroque et au maniérisme tardif (issu de Fontainebleau), le style Louis XIII doit, outre la redondance des formes, l'irrespect délibéré des règles antiques. Ainsi trouve-t-on des frontons à volutes, des frontons rompus, interrompus par des cartouches, des niches, des tabernacles ou des claies saillantes.

BOSSAGES. — Les mêmes courants, par leur rupture avec la grammaire classique, entraînent la réduction des éléments de support à un rôle purement décoratif. C'est là l'origine du succès des *formes rustiques*. Étendues parfois à toute la façade, mais le plus souvent au portail, elles offrent un vigoureux répertoire de refends, de claveaux à forte saillie, et surtout de *bossages*. On trouve ainsi des bossages *à taille lisse*, des bossages *piqués*, des bossages *vermiculés*, *à pointes de diamant, à tambours, en congélations*. La pointe de diamant se retrouve également dans le mobilier.

CHAINAGES. — L'emploi combiné de la brique et de la pierre, matériaux utilisés alternativement comme encadrement et trumeau, suscite des effets d'appareillages qui soulignent les divisions verticales de la façade. Ces bandes, appelées *chaînages*, s'ordonnent de manière régulière ou « en harpe » (en dents de scie). Certains s'élèvent « de fond en comble », en réunissant toutes les fenêtres de la base au toit.

Cartouche (Alençon)

Bossages

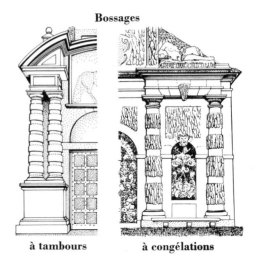

à tambours   à congélations

Fronton rompu (château des Ifs)

vermiculé

en pointe
de diamant

Fronton à tabernacle (Paris, hôtel d'Alméras)

Chaînages en harpe

CHATEAU DE BALLEROY. — En dehors des influences étrangères, la tradition nationale, commune à l'époque Henri IV et Louis XIII, se traduit par l'emploi de la brique et de la pierre et par le verticalisme des compositions, qu'accentuent la hauteur et la fragmentation des toitures imputables au système de charpente des *combles droits* et des *combles à surcroît*. Ne pouvant couvrir qu'une surface limitée, ces étroites charpentes réduisent le plan à une juxtaposition de corps de logis et de pavillons peu profonds dotés de toitures indépendantes. D'où la silhouette découpée des demeures de l'époque.

HOTEL DE SULLY. — Ces combinaisons linéaires n'excluent pas l'introduction parfois d'un décor redondant, dans les édifices de type orné. A l'hôtel de Sully, l'exubérance du décor des volutes et des draperies sur les lucarnes et les fenêtres, les jeux de lumière introduits par les frontons et les niches empruntent à la fois au maniérisme tardif et au baroque flamand.

CHATEAU DE CHEVERNY. — Une réaction classicisante, au milieu du règne, substitue à cette inspiration pittoresque une articulation plus mesurée, plus harmonieuse entre les verticales et les horizontales. Ce mouvement opte à la fois pour l'unification des masses et la simplification des lignes et du décor, sans rompre pour autant avec le goût plastique des contrastes.

CHAPELLE DE LA SORBONNE. — La tradition du verticalisme s'était associée aux modèles romains de la Contre-Réforme, de manière sobre à Saint-Gervais, de manière ostentatoire à Saint-Paul-Saint-Louis. Partisan de la nouvelle école, Lemercier leur oppose à la Sorbonne une interprétation de la façade du Gesù vidée de ces effets de surfaces, que gouverne seule une articulation mesurée entre les deux niveaux réunis par des ailerons et une corniche classique. Un rythme régulier et sévère ordonne la distribution des pilastres, des ouvertures et des niches garnies de statues.

AILE GASTON D'ORLÉANS. — Avec François Mansart, autre initiateur du retour à l'architecture classicisante, on passe à une articulation harmonieuse de la façade, basée sur l'équilibre entre les pleins et les vides et sur l'unité plastique des formes et des volumes dont les combles. Cet équilibre n'exclut ni la verve décorative ni le mouvement, ici demi-circulaire des colonnades.

Château de Balleroy

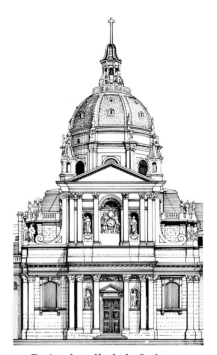

Paris, chapelle de la Sorbonne

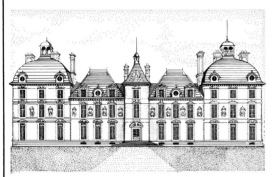

Château de Cheverny

Paris, hôtel de Sully

Château de Blois, aile Gaston d'Orléans

De la Renaissance, la décoration Louis XIII conserve, dans les demeures les plus riches, les plafonds à poutres et solives apparentes, décorées de chiffres, d'emblèmes, de cartouches, etc.

CHEMINÉES « A LA FRANÇAISE ». — Gros parallélépipède aux fortes saillies, elles voient leur hotte rectangulaire recevoir un ample décor architectural et ornemental qui laisse toutefois la place au centre à une toile peinte, à un relief ou à un buste. A la fin du règne, leur taille s'amenuise, s'adapte davantage à l'échelle du décor de la pièce, tandis que la hotte, moins surchargée, accuse des divisions architecturales plus mesurées.

PORTES A PLACARD. — Leur double battant facilite l'aménagement des effets d'enfilade. Leur nom de « placard » vient de leur large encadrement que surmonte une composition décorative : fronton, cartouché ou médaillon, garnis de reliefs ou d'une peinture.

LAMBRIS « A LA FRANÇAISE ». — Issu de la Renaissance, il consiste en un assemblage de panneaux en bois rectangulaire dont les cartouches ou l'encadrement géométrique abritent des figures, des paysages ou des fleurs peints en camaïeu ou au naturel. Dans le *lambris d'appui*, la partie supérieure du mur est réservée soit à des tapisseries soit à un ensemble de tableaux. Le *lambris de hauteur* ne diffère du premier que par la suppression de la corniche basse : alors se succèdent sans interruption jusqu'au sommet trois registres de panneaux superposés, le dernier d'ordinaire plus vaste et vertical.

PLAFONDS. — Au-delà le plafond voit bientôt ses poutres et ses solives divisées en compartiments que les peintres-décorateurs garnissent de toiles et de panneaux encastrés et dont les sculpteurs enrichissent les bordures. L'assemblage de ces caissons peut varier, vers la fin du règne, entre un simple quadrillage régulier et un entourage plus complexe articulé autour d'un compartiment central de taille plus vaste, comme à la chambre du roi du château d'Oiron. Parmi les ensembles de lambris les mieux conservés, on retiendra, à Paris, le cabinet et la chambre de la maréchale de La Meilleraye à l'Arsenal.

Cheminée et portes à placard d'après Lemuet
(Pont-sur-Seine)

Lambris
(Paris, Arsenal)

Lambris
(Paris, Arsenal)

Plafond (château d'Oiron)

CABINETS. — Le vocabulaire architectural domine dans le décor des cabinets enrichis de colonnes, de frontons, de pilastres, de balustres et de niches. La vogue des cabinets, venue des Pays-Bas et d'Italie, introduit l'usage des placages d'ébène. Ce bois reçoit une ornementation sculptée et gravée d'une grande finesse.

ARMOIRES. — Autre meuble de conception architecturale, l'armoire se distingue par ses corniches aux saillies énormes au sommet et à la base. Caractéristiques du goût pour la géométrie du mobilier Louis XIII, ses panneaux, carrés ou rectangulaires, sont souvent garnis de *pointes de diamant* : décor riche en jeux lumineux et plastiques.

TABLES. — L'époque passe peu à peu de la « menuiserie mobile » (tables à tréteaux, « sièges ployants », chaises « en tenailles ») à des types de meubles fixes. Parmi eux, la table, carrée ou rectangulaire, mais de petite taille, possède une entretoise en H ornée en son centre d'un vase, d'une toupie ou d'une pomme de pin. Pour le reste, ses caractéristiques l'assimilent aux sièges, car ses supports sont en *bois tourné*. Riche en effets de volumes, le tournage de style Louis XIII tire du cube et du cylindre des fûts unis, bagués (à section carrée puis ronde), en chapelet, en spirale.

SIÈGES. — Le bois tourné affecte la forme des montants, des pieds, des supports d'accotoirs et des entretoises, de forme en H sous Louis XIII. Sur les fauteuils et les chaises, une autre traverse d'entrejambe vient consolider parfois les pieds avant. Les fauteuils, à haut dossier, et « les chaises à bras » offrent une garniture de cuir ou d'étoffe. Les accotoirs des premiers s'incurvent et se terminent en crosse à l'extrême fin du règne.

Cabinet (château de Fontainebleau)

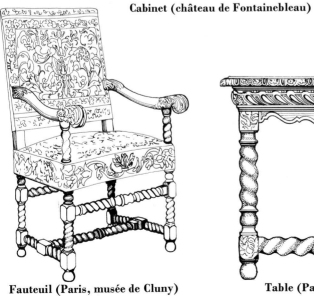

Fauteuil (Paris, musée de Cluny)

Table (Paris, musée de Cluny)

Église Saint-Paul-Saint-Louis
(Paris, 1627-1641)

Bon exemple du croisement des influences artistiques qui se font jour dans la France du premier tiers du xviie siècle, cette église s'inspire de la façade romaine à deux niveaux, le second plus étroit relié au premier par des ailerons. Ce modèle a été fixé au Gesù (1575), église mère des jésuites à Rome, et par les traités d'architecture de Vignole et de Serlio. Mais ces exemples sont associés ici au verticalisme de la composition héritée de la Renaissance. A quoi s'ajoute une exubérance ornementale et des jeux plastiques imputables à la fois au baroque romain et au baroque flamand. Au premier revient l'orchestration scénique des ordres de colonnes, des tables, des frontons rompus, des niches garnies de statues et des balustrades. Au second, les lourdes guirlandes, les épaisses draperies, et l'insistance dans le fouillis ornemental de cartouches, de linges, de volutes et de chutes de fruits qu'on remarque au dernier étage.

Imité du Gesù par les auteurs de l'église, le frère Martellange et le père Derand, le plan à nef unique, flanquée de chapelles et surmontée de tribunes, s'accommode également d'une composition grandiose. Le large vaisseau, rythmé par de grands pilastres corinthiens, est coiffé à la croisée du transept d'une *coupole :* principale importation romaine qui devait apporter son couronnement à la sensibilité baroque de l'époque.

Le règne de Louis XIV se partage en trois périodes. D'abord la minorité du roi (1643-1660), pendant la régence d'Anne d'Autriche : époque stylistique de maturation, marquée par la persistance des formes Louis XIII et une forte pénétration du baroque italien, mais que distingue aussi l'art classicisant d'un François Mansart au château de Maisons, par exemple. Le *premier style Louis XIV* ensuite (1660-1690) correspond à la période triomphante du règne personnel, à laquelle répond un art de Cour brillant et ostentatoire : celui que Le Brun développe dans les salles du château de Versailles élevé successivement par Le Vau et Hardouin-Mansart. Un *second style Louis XIV* (1690-1715), dit style de transition, apparaît dans les dernières années du règne, sous l'influence de l'architecte Hardouin-Mansart et de décorateurs comme Berain. La légèreté nouvelle des formes, la fantaisie des lignes annoncent alors les débuts du style Louis XV.

TROPHÉES D'ARMES. — Ils traduisent l'ampleur des formes du premier style Louis XIV et le triomphalisme du répertoire. Casques guerriers, rameaux de chêne symbolisant la victoire, carquois et masses d'armes, traités en bronze doré ou sculptés sur le bois, se détachent en fort relief au milieu des marbres.

MASQUE RADIÉ. — A la fin de cette période, parmi les masques, les têtes de dieux radiés (surmontées d'une palmette rayonnante), qu'on assimile à la tête de l'Apollon royal, rejoignent les nombreux attributs du monarque : l'aigle de Jupiter, le lion, le coq, le masque d'Apollon, sans parler des chiffres couronnés et des bâtons royaux en sautoir.

COQUILLE. — Synonyme de souplesse et de fantaisie, la coquille est caractéristique du second style Louis XIV, marqué par le développement des lambris de bois et la disparition des parements de marbre. L'encadrement de la coquille connaît ses premières sinuosités et ses premiers chantournements.

GROTESQUES. — Sous l'influence de Berain et d'Audran, les moulurations épaisses disparaissent au profit de la libération des lignes, de l'allégement et de l'assouplissement des motifs. A côté de la coquille, les arabesques développent le goût des fantaisies linéaires et de l'exotisme.

Casque et rameaux de chêne

**Carquois et masse d'armes
(Versailles, parc du château)**

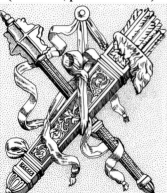

Arabesques d'après Bérain

**Masque radié
et chiffres couronnés
(Versailles, porte du salon
de Vénus)**

Coquille (Notre-Dame de Paris, stalles)

CHATEAU DE VAUX. — A la charnière de la minorité du roi et des débuts du règne personnel, ce château relève de l'art vigoureux et classicisant de la génération de François Mansart. La définition des rythmes par grandes masses se reconnaît à l'emploi de l'ordre colossal. En même temps, les décrochements sur cour et la large saillie semicirculaire du salon sur jardin traduisent un goût très vif pour l'animation des surfaces et le libre traitement des volumes que couronne ici le recours au dôme introduit par le baroque italien.

COLONNADE DU LOUVRE. — Une réaction académisante, ennemie des effets baroques et des contrastes pittoresques de la génération de Mansart et de Le Vau, opte pour un retour à la raison et au respect des règles antiques. Le souci de clarté et de retenue explique ici les grandes horizontales et l'ordonnance de ce soubassement et de ce long péristyle cantonné de sobres massifs.

CHATEAU DE VERSAILLES. — Second architecte du palais après Le Vau, Hardouin-Mansart rejette les saillies et décrochements de ce dernier pour de vastes ordonnances aux rythmes uniformes et majestueux. Dans un esprit semblable, il dote la place Vendôme d'une ordonnance d'arcades, surmontées d'un ordre colossal qui s'imposera au XVIIIe siècle. A Versailles, l'ampleur de ses vues, jointes à une maîtrise consommée des volumes et de l'espace, enrichit le château des grands ensembles que forment entre autres l'Orangerie et les Écuries.

GRAND TRIANON. — Hardouin-Mansart jette en même temps les bases de la maison de plaisance à un seul rez-de-chaussée, caractéristique par la simplicité de son élévation et la commodité de ses aménagements intérieurs, que goûtera tant le XVIIIe siècle. Au Grand Trianon, il associe davantage ce type de demeure à son cadre naturel par le jeu des péristyles. Mais l'affirmation des horizontales, la souplesse des lignes et le décor aimable des chapiteaux, des clefs et surtout des coquilles (aile de Trianon-sous-Bois) font aussi du Trianon le chef-d'œuvre du second style architectural du règne, en prélude au style Louis XV.

Château de Vaux-le-Vicomte par L. Le Vau (1658)

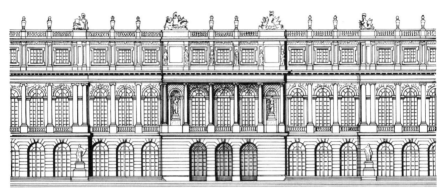

Château de Versailles par J.-H. Mansart (1681)

Paris, colonnade du Louvre par Perrault (1668)

Versailles, Grand Trianon (1687)

VAL-DE-GRACE. — Œuvre successive de Mansart, Lemercier, Le Muet puis Leduc, la chapelle de l'hôpital du Val-de-Grâce appartient au style de la minorité du roi par ses formes libres et vigoureuses qui associent à la fois le goût du mouvement et du pittoresque hérité du baroque italien, la maîtrise des volumes et le souci de l'unité d'ensemble. A la façade tripartite « à l'italienne » s'ajoute le puissant jeu plastique du péristyle à colonnes détachées. Avec ses nervures, ses tondi, ses statues juchées sur des contreforts alourdis de volutes, la coupole de Leduc est un des témoignages les plus italianisants de l'époque.

INVALIDES. — La nef de l'église des Invalides est l'œuvre de Bruand, le dôme celle d'Hardouin-Mansart. La première, avec ses voûtes à pénétrations et ses pilastres ioniques est assez caractéristique de l'architecture religieuse sous Louis XIV. Mais le « style royal » triomphe au dôme combiné avec un plan en croix grecque. C'est ainsi qu'Hardouin a associé avec une grande rigueur les ordres superposés au cube puis au cylindre du double tambour de son dôme en une puissante composition ascensionnelle. L'éclat et la majesté se mesurent également au riche décor de sculpture sur les entablements et dans les niches, ainsi qu'aux ornements en bronze doré qui alternent avec les nervures du dôme.

CHAPELLE DU CHATEAU DE VERSAILLES. — Œuvre de la fin du règne, élevée par Hardouin-Mansart et son successeur Robert de Cotte, la chapelle se distingue par ses tonalités claires et la discrétion du décor sculpté qui court en léger relief sur les piliers et les écoinçons. L'effet d'allégement est accru par la substitution de la colonne au pilier et à l'arcade au premier étage comme soutien de la poussée des voûtes.

Paris, Val-de-Grâce (1645-1667)

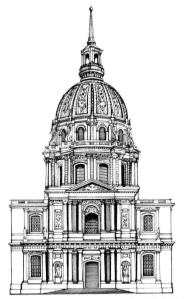

Paris, église des Invalides (1680-1706)

Versailles, chapelle du château (1697-1710)

SALON DE VÉNUS. — Les caractères essentiels du premier style Louis XIV sont la richesse des matériaux et la recherche de l'effet monumental. Cet aspect du « style royal » tient, jusque dans les années 1680, à l'emploi des parements de marbre et aux jeux polychromes de ce dernier avec les ors, les bronzes, les peintures et les reflets des glaces. A l'éclat pesant des matières, insérées dans des ordonnances architecturales de colonnes, de pilastres et de niches, s'ajoute l'épaisseur des moulurations. Enfin, au-dessus des lourdes corniches, figures et architectures feintes s'ordonnent dans des encadrements enrichis de stucs sous les pinceaux des peintres-décorateurs, dirigés par le maître d'œuvre des appartements royaux : Charles Le Brun.

PORTES. — Dites « à placard » à cause de leur encadrement en saillie alourdi de consoles, de corniches et surmonté de bas-reliefs, de médaillons, de frontons, elles tirent aussi leur effet monumental du décor sculpté de leurs doubles vantaux. Sur ces compartiments on sculpte des attributs, des trophées, des chiffres entourés de bordures épaisses. Se faisant symétrie deux à deux dans les salles, ces larges portes multiplient les effets d'enfilade.

CHEMINÉES. — L'énorme saillie des hottes Louis XIII disparaît, remplacée d'abord par une composition pyramidale puis par un coffre rectangulaire, sorte de massif en marbre supportant une ou deux tablettes garnies de vases. Au-dessus, le trumeau reçoit un montage de petits miroirs ou une peinture encadrée d'ordinaire par une épaisse bordure monumentale, guirlandes de feuillages ou de fleurs comme ici.

Versailles, salon de Vénus

**Cheminée
(Versailles, salon de Diane)**

SECOND STYLE LOUIS XIV :
DÉCORATION INTÉRIEURE

Sous l'influence d'Hardouin-Mansart et de décorateurs comme Pierre Lepautre, fils de Jean, Berain et Audran, l'échelle du décor se réduit, le relief s'amenuise. Le marbre disparaît, remplacé par les lambris de bois peints de couleurs claires, sur lesquels joue l'or des moulurations, ou les lambris de bois naturel, ciré ou verni, dits « lambris à la capucine ».

CHEMINÉES ET LAMBRIS. — La taille des cheminées continue de se réduire, dans leur partie inférieure, au profit du trumeau qu'occupe de plus en plus une grande glace rectangulaire depuis qu'un procédé de coulage permet d'obtenir des miroirs de grande taille. Dans sa partie supérieure, le cadre des glaces tend à reproduire l'ordonnance des lambris de la pièce lorsque ces derniers dessinent une suite d'arcades. Leur couronnement en courbe ou en plein cintre accueille un motif décoratif de vases, de fleurs ou de putti.

PLAFONDS. — Libérés de leur décor peint et de leurs lourds encadrements de stuc, les plafonds, désormais blancs, s'aèrent. Au centre, prend place une *rosace* dont les moulurations s'assouplissent, bientôt gagnées par les enroulements des arabesques et les volutes des feuillages du style décoratif de Berain et d'Audran. Dans les voussures, ces fins reliefs dorés s'ordonnent souvent en « mosaïques » : sorte de quadrillage de losanges garnis de fleurettes et de roses. On retrouve les mosaïques sur les cadres de glaces également.

GROTESQUES. — Outre les putti et les masques souriants, le rajeunissement des thèmes se reconnaît à la vogue des grotesques remis à l'honneur par Berain et Audran. L'un mêle singeries et sujets exotiques à de légères combinaisons architecturales que gouvernent seuls la fantaisie et les jeux linéaires. L'autre tire de l'arabesque un flot ornemental d'enroulements sinueux et un art de « dentelle » qui annoncent déjà le style Régence.

SECOND STYLE LOUIS XIV :
DÉCORATION INTÉRIEURE

**Cheminée
(Versailles, chambre de Louis XIV)**

**Grotesques (Paris,
plafond de l'hôtel de Mailly-Nesles)**

**Mosaïques
(Versailles, salon
de l'Œil-de-Bœuf)**

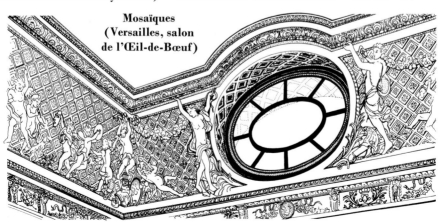

Au premier style Louis XIV correspond un mobilier massif au décor opulent. L'art de Cour développe l'usage des meubles et des sièges sculptés et dorés.

FAUTEUILS. — Pieds « en gaine » ou « en balustre » se compliquent alors de godrons, de cannelures, de feuillages. L'entretoise en H, héritée du style Louis XIII, évolue peu à peu vers une forme en X. Les accotoirs, en général incurvés, se terminent en crosse ou en volute. L'étiquette favorise l'éclosion de nombreux « ployants » (sièges pliants) et « placets » (tabourets), parfois aussi enrichis de sculptures.

TABLES. — Elles présentent les mêmes pieds et montants en gaine ou en balustre. Leur entretoise en X peut se terminer en volutes ou en consoles renversées. Leur ceinture reçoit un riche décor sculpté.

LA MARQUETERIE BOULLE. — Dès les années 1675-1680, André-Charles Boulle perfectionne la marqueterie de cuivre et d'écaille qu'il enrichit d'étain, de corne ou de nacre. Ses ouvrages généralement en placage d'ébène présentent deux types de composition : la marqueterie *en première partie*, où le décor de cuivre joue sur un fond d'écaille, et la marqueterie *en contrepartie*, où le décor en écaille joue sur un fond en cuivre. Ses motifs marquetés se distinguent d'abord par leurs rinceaux bouclés et fournis, puis, dans la deuxième partie du règne, cèdent à la fantaisie et à l'exotisme du style Berain. Boulle adapte également à ses meubles de riches garnitures de bronze ciselé et doré : reliefs ornementaux ou historiés qui enrichissent les charnières, les poignées, les entrées de serrure ou décorent les angles et les panneaux.

FAUTEUILS. — L'allégement du décor et l'assouplissement des lignes caractérisent le mobilier du second style Louis XIV. Déjà plus nombreux que les pieds en gaine, les pieds en console voient leur galbe s'accentuer puis ils se transforment en pied de biche terminé ou non par un sabot. Leur position est oblique.

MEUBLE A DEUX CORPS. — Plus souples aussi, les panneaux se cintrent dans leur partie inférieure ou à leurs deux extrémités et se compliquent de ressauts comme ici ou d'échancrures aux angles.

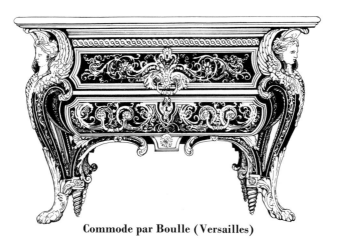

Commode par Boulle (Versailles)

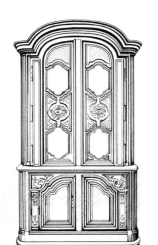

Table (musée des Arts décoratifs)

**Meuble à deux corps
(Paris, musée des Arts décoratifs)**

Table (Versailles)   **Fauteuil (Fontainebleau)**   **Fauteuil (Paris,
musée des Arts décoratifs)**

La galerie des Glaces du château de Versailles (1678-1684)

Orchestration triomphante du style versaillais de Le Brun, la galerie des Glaces réunit tous les prestiges de « l'art royal ». L'éclat et la richesse des matières avec les marbres, les ors, les bronzes qui se réfléchissent dans les glaces. La monumentalité de l'ordonnance architecturale avec le parti rythmique des arcades, des pilastres, des niches et des consoles accouplées. A quoi s'ajoutent les attributs dédiés à la gloire du monarque : masques d'Apollon au milieu des festons de lauriers, dépouilles du lion de Némée, trophées de casques et de cuirasses. A ces attributs répond la distribution symbolique du plan : à chaque extrémité, le salon de la Guerre et le salon de la Paix encadrent ce long vaisseau dont la voûte, par ses stucs et ses peintures, magnifie et transpose à la fois la chronique du règne. L'unité et l'ampleur du parti décoratif et allégorique, l'opulence et la cohésion du moindre détail avec l'ensemble : telles sont les qualités du style de Le Brun à l'origine de cette harmonie grandiose.

Le style Régence se confond avec le style de la fin du règne de Louis XIV dont il présente les mêmes caractères. D'ailleurs, certains artistes, comme l'architecte Robert de Cotte (1656-1735) ont vécu et travaillé sous Louis XIV et sous la Régence. Ce style conserve la majesté du style Louis XIV, mais avec une liberté qui n'est pas encore la fantaisie du style Louis XV.

La décoration intérieure comprend la grande galerie dorée de la Banque de France à Paris, quelques pièces dans les hôtels de la place Vendôme occupés par le ministère de la Justice et le Crédit foncier. Le style Régence s'étend jusque dans les années 1730.

HÔTEL D'ARGENSON. — Cette décoration est l'œuvre de l'architecte Boffrand. De l'époque Louis XIV subsistent le fond quadrillé des pilastres ainsi que la corniche; les éléments nouveaux sont les cartouches « violonés » en haut des pilastres, la cheminée aux lignes sinueuses, les angles abattus des panneaux.

HÔTEL DE TOULOUSE. — La « galerie dorée » de cet hôtel compris dans les bâtiments de la Banque de France est l'œuvre de Robert de Cotte. Au-dessus de la porte, c'est encore un fond quadrillé mais les ordres sont traités avec une extrême liberté : il suffit de signaler la forme évasée donnée aux stylobates, ainsi que les rosaces centrales.

ESPAGNOLETTES. — On donne ce nom à de petits bustes de femmes à collerette et coiffées de plumes; on les rencontre partout, aux angles des glaces comme ici, aux angles des pieds des meubles, etc.

PALMETTES. — Chaque lobe ou feuille est séparé, les bords sont des nervures et le milieu est orné de petits fleurons en perles. On remarquera les angles abattus du panneau avec leur crossette de feuillage.

TABLES. — Elles ont les mêmes caractères que celles de la deuxième période du style Louis XIV. Les pieds en griffes de lion sont arqués suivant le même profil.

DRAGONS. — Cet animal mythologique se rencontre, à cette époque, dans toute la décoration et dans les meubles. Il apparaît également au balcon de certains immeubles comme l'hôtel Chenizot à Paris.

Paris, hôtel d'Argenson

Paris, hôtel de Toulouse

Espagnolette

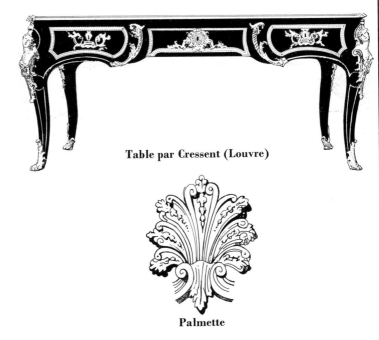

Table par Cressent (Louvre)

Palmette

Le style Louis XV correspond d'abord à l'épanouissement de la « rocaille ». Mais vers 1750, une réaction très vive se produit contre les excès du style rocaille; c'est alors que commence le second style Louis XV, d'esprit « néo-classique », qui jusqu'à la mort du roi (1774) va préparer l'avènement du style Louis XVI.

Le premier style Louis XV se reconnaît à l'emploi de lignes courbes et contre-courbes, aux sinuosités et aux ondulations de la ligne, ainsi qu'à la tendance à supprimer les ordres classiques.

ROCAILLE. — Le mot désigne les formes dérivées des éléments de coquilles, de coquillages, de concrétions. C'est le traitement stylisé de la spirale de la coquille qui va donner naissance au « style rocaille » et à l'étranger au « style rococo ». Synonyme d'ondulation et de chantournement, la rocaille gagne alors tous les arts décoratifs. Ses caprices multiplient les enroulements en C adossés ou accolés, puis les enroulements en S, propices à tous les débordements de la ligne.

CONSOLES. — Dans toute sa durée, le style Louis XV offre deux tendances : l'une est l'outrance dans l'emploi des lignes tourmentées et les compositions asymétriques comme la console de Nancy; l'autre tendance est une fantaisie mesurée et une symétrie assez rigoureuse comme la console provenant d'un ancien hôtel de Paris.

BORDS FLAMMÉS. — Au lieu de bords ondulés on emploie souvent aussi des bords ayant la forme de petites flammes comme on peut le voir ici autour de la coquille surmontée d'un petit fleuron formé de trois lobes de palmettes.

PALMETTE EN COQUILLE. — Ces deux éléments, le style Louis XV les associe pour ne former qu'un seul motif. L'exemple donné provient d'une boiserie de l'hôtel Soubise, à Paris. On remarquera avec quelle finesse, avec quelle légèreté souple, avec quelle délicatesse et quel esprit ce fragment décoratif est composé.

CARTOUCHE AILÉ. — On rencontre partout ce motif : au sommet des glaces ou des trumeaux, dans les corniches, etc.

Rocaille et bords ondulés

Bords flammés

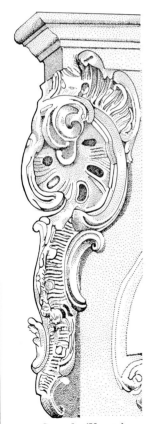

Coquille, palmette

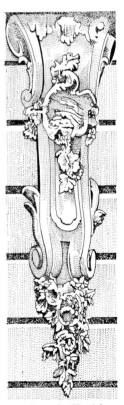

Console (Nancy)

Cartouche ailé

Console (Paris)

SECOND STYLE LOUIS XV :
ÉLÉMENTS DE DÉCORATION

A partir des années 1750, en réaction aux outrances de la rocaille, s'élabore un second style Louis XV, d'abord marqué par un assagissement du décor et le retour aux nobles ordonnances de l'époque Louis XIV, ensuite par une imitation de plus en plus précise de l'Antiquité qui devait déboucher sur le « néo-classicisme ».

TROPHÉES D'ARMES. — Le goût néo-Louis XIV ressuscite le répertoire guerrier du grand règne, ses trophées d'armes inscrits dans des panneaux aux divisions quadrangulaires.

NATURALISME. — Sur ces panneaux aux encadrements rectilignes, prennent place également des *médaillons* historiés ou ornementaux d'esprit naturaliste, dont les reliefs sont traités avec une vigueur plastique, sans doute héritée aussi du grand siècle.

MODE « A LA GRECQUE ». — La découverte du dorique grec de Paestum influence peu à peu les ornemanistes. Parmi eux De Neufforge et Delafosse lancent les motifs « à la grecque », à la physionomie antiquisante volontairement affichée, sinon exagérée : pendules ou pieds de console en fût de colonne, frises grecques, mufles de lions, pattes de griffons, et surtout guirlandes en forme de « cordes à puits ». Surtout sensible dans le mobilier, l'audience de cette mode préparera le terrain à la tendance au raidissement et à l'épuration qui devait s'emparer des objets d'ameublement.

L'ANTIQUOMANIE. — Profond en architecture où il suscite l'imitation des ordres archaïques, le culte de l'Antiquité métamorphose également le répertoire décoratif. Aux rocailles et aux chinoiseries succèdent des frises ou des bas-reliefs à l'antique, des compositions qui mêlent des figures de nymphes, aux vases, aux rinceaux, aux trépieds antiques ou aux cornes d'abondance. En même temps dans les dernières années moulurations et reliefs se font plus maigres et plus rigides.

Médaillons

Cabinet des bains de Louis XV
à Versailles

Bâtiment de la place de la Concorde

Lambris provenant
de Louveciennes (1771)

Ornement « à la grecque »
d'après Delafosse

Trophée d'arme d'après Ledoux
(musée Carnavalet)

MAISON SIMONET. — Sous Louis XV, l'emploi des ordres de colonnes tend à disparaître. La simplicité des façades, simplement rythmées par l'ouverture régulière des fenêtres, s'oppose à l'exubérance du décor intérieur. Le rez-de-chaussée des maisons sur rue comporte souvent de grandes arcades qui contiennent dans leur cintre les fenêtres de l'entresol. L'ornement se limite aux clefs des arcades, aux agrafes des baies, aux jeux de chaînages et de refends, aux ferronneries et aux vantaux des portails, ainsi qu'aux frontons ou aux consoles des balcons, eux-mêmes garnis de fers forgés au dessin sinueux et à la forme galbée dite en « corbeille ».

GRILLES ET BALCONS. — En ornement de tôle repoussée ou en métal fondu, la rocaille, la feuille d'eau à bords ondulés, le treillis à claire-voie envahissent la ferronnerie. En dépit du dynamisme des courbes, la structure architectonique des grilles demeure claire et solide. A Nancy, Jean Lamour a su imaginer un ensemble saisissant pour la place Stanislas, à laquelle Heré avait donné une ordonnance monumentale.

PLACE DE LA CONCORDE. — Œuvre de Gabriel (1757-1763), ses bâtiments marquent, à travers la renaissance des colonnades et la sobriété des formes, le retour à l'académisme d'Hardouin-Mansart par quoi débute le second style Louis XV.

PETIT TRIANON. — Deuxième étape du style Louis XV final, la tendance au dépouillement des formes s'accentue au profit de la netteté des volumes et de la nudité des surfaces sous l'influence de l'Antiquité. Au Petit Trianon, Gabriel tire encore de cette volonté de rigueur une formule à la stéréotomie élégante. Mais la jeune génération opte déjà pour l'affirmation des volumes élémentaires dans son adaptation des petits pavillons à l'antique précédés d'un portique. Ainsi procède Ledoux au pavillon de Louveciennes (1771). Le péristyle doté d'un ordre colossal est appliqué aux églises, par Chalgrin à Saint-Philippe-du-Roule (1765-1777), par Soufflot à Sainte-Geneviève, pour la capitale. Le nouveau traitement des volumes et des masses rompt alors définitivement avec la tradition et annonce le néo-classicisme de l'époque Louis XVI.

Nancy, grille

Paris, maison Simonet

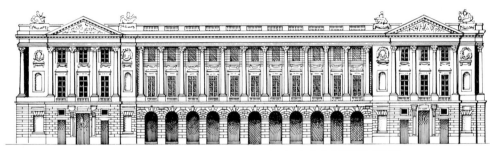

Paris, place de la Concorde par J.-A. Gabriel (1761-1770)

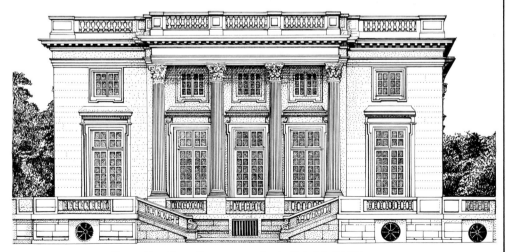

Versailles, Petit Trianon par J.-A. Gabriel (1764)

HOTEL DE SOUBISE. — C'est avant tout par son adaptation des formes rocaille au décor intérieur que le premier style Louis XV s'est montré le plus inventif. Sur les lambris, la sculpture ornementale atteint alors une remarquable qualité d'exécution, grâce à des décorateurs comme Verbeckt, à la chambre de Louis XV ou au cabinet de la Pendule à Versailles. Encadrés de minces *parcloses* (panneaux étirés également sculptés), les panneaux cintrés, à ressauts ou échancrés, voient leurs extrémités, et parfois leur centre garni d'un médaillon, recevoir l'essentiel du décor. Ennemi de la boursouflure rococo, ce dernier se cantonne dans un art de surface, plus enclin à l'ondoiement général des lignes, au jeu délicat et mouvementé du relief qu'à la surcharge plastique. Sous la progression des enroulements et des vrilles, les angles de la pièce se cintrent, les corniches se creusent et avancent. Des branches de palmier ou des joncs enrubannés montent le long des cadres des glaces. Mais en France, ce mouvement ornemental ne cède pas à l'asymétrie. En s'inversant, les courbes et les contre-courbes s'annulent et maintiennent l'équilibre de la composition.

HOTEL DE ROHAN. — La peinture décorative exploite l'exotisme des *singeries* et des *chinoiseries* introduites dans les arabesques du début du siècle par Berain, Audran et Watteau.

HOTEL DE ROCHECHOUART. — Dans sa réaction aux excès de la rocaille, le second style Louis XV s'est d'abord retourné vers le style Louis XIV de Le Pautre, ses lourdes voussures, ses corniches pleines (École militaire). A la rigueur mâle des grands pilastres s'est ajouté peu à peu un répertoire antiquisant inscrit comme ici dans une conception rectiligne de l'encadrement comme de la distribution du décor.

PETIT TRIANON. — La seconde réaction, traduction aimable du goût général pour l'Antiquité, opte dans les dernières années du règne pour la raideur élégante de l'ornement, pour une mouluration rigide et fine. Sur les lambris aux tons pâles se détachent alors, selon une ordonnance strictement géométrique, les guirlandes, les rosaces, les frises et les couronnes du futur style Louis XVI.

Paris, hôtel de Soubise, salon

Paris, hôtel de Rohan

Paris, hôtel de Rochechouart

Petit Trianon, salon de compagnie (1765)

SIÈGES. — Légèreté, confort et harmonie des lignes caractérisent les sièges Louis XV. La traverse d'entrejambe disparaît; pieds en S, chantournés. Les bras ne sont plus au droit des pieds, mais placés en retrait; souvent ils s'évasent, conséquence des robes à panier. On ne distingue plus comme avant deux parties : le siège proprement dit et le dossier, l'un et l'autre forment une ligne continue qu'accentuent les moulures. Le décor sculpté comprend des fleurettes, des palmettes, des coquilles, des cartouches et des rinceaux feuillagés. Enfin, les dossiers sont « violonés », c'est-à-dire rétrécis à la hauteur des accotoirs. Signalons les « bergères », fauteuils à joues pleines les bergères « à confessionnal », pourvues d'appuis latéraux rembourrés, les « marquises », bergères à dossier bas et bras courts, à deux places.

CONSOLE. — En général, l'élément « rocaille » est surtout employé dans les consoles avec une exagération de lignes contournées.

COMMODE. — Son apparition date de la fin du règne de Louis XIV. C'est un meuble à tiroirs reposant sur des pieds en S. Il accueille des garnitures de bronze doré de style rocaille, mais aussi les effets de surface marquetée. On rencontre d'abord une marqueterie de bois colorés d'importation avec des jeux de fonds géométriques : damiers, étoiles, losanges, puis des motifs de fleurs.

Les meubles laqués « façon de Chine » avec le « vernis Martin », du nom de l'ébéniste inventeur, le « frisage » qui consiste à opposer des feuilles de placage donnent un effet chatoyant, le fil du bois se raccordant sur l'axe des panneaux.

Les meubles plaqués étaient faits de bois ordinaires qu'on recouvrait d'une feuille très mince de bois précieux.

Ici, la commode est laquée avec sujets empruntés à l'art chinois; le dessin des bronzes isolés et dorés souligne la forme générale du meuble.

La diversité des meubles est extrême : « chiffonnier » à cinq tiroirs, « bureau à dessus brisé » ou « à dos d'âne » avec un pupitre à abattant, « table de toilette » appelée aussi « poudreuse » ou « coiffeuse », sorte de bureau plat à trois volets, celui du milieu avec glace au revers, « table de chevet » peu élevée avec volet à rideaux, etc.

BRAS D'APPLIQUE. — Les formes contournées se prêtent très bien au travail du bronze, notamment dans les bras d'applique, dont les bras et les douilles feuillagés émergent d'une grande feuille ou d'une gaine à buste, avec les ondulations et les ruptures de la rocaille.

Bras d'applique (Fontainebleau)

Console (Fontainebleau)

Fauteuil, bois sculpté

Commode laquée (Londres, collection Wallace)

A partir des années 1755-1760, un assagissement progressif s'empare du mobilier comme de la décoration intérieure. Les formes rocaille demeurent mais sur un mode plus discret, plus retenu. Puis, seconde réaction : le culte grandissant de l'Antiquité introduit de nouveaux thèmes dans la décoration du mobilier, non sans provoquer un redressement sensible des lignes. Ces facteurs, qui annoncent directement le style Louis XVI, ont fait baptiser cette période artistique du règne de Louis XV : « style Transition ».

FAUTEUIL. — Toutes les caractéristiques du milieu du règne subsistent, chantournement des formes, décor sculpté de coquilles et de fleurettes, mais rendues avec une mouluration plus statique. L'esprit « Transition » se reconnaît à la présence des pesantes guirlandes « à l'antique » dont le rythme répétitif s'oppose au mouvement sinueux de la ceinture.

COMMODE. —La transition vers le style Louis XVI est ici beaucoup plus accusée, à la fois dans le décor et la silhouette du meuble. Le redressement des lignes se mesure à l'affirmation des surfaces planes, qu'accentue l'effet du ressaut central, et à la réduction des supports, jadis chantournés, à de brefs pieds cambrés. Aux angles, des profils arrondis, ailleurs à pans coupés, viennent toutefois compenser la rigidité des surfaces. D'esprit nettement néo-classique, les garnitures de bronze ont tourné définitivement le dos à la rocaille par leur caractère antiquisant. Frise d'entrelacs à rosaces, filets d'encadrement au dessin géométrique, culots enrichis de guirlandes de feuilles de chêne et motifs de draperies et de serpents à la ceinture anticipent étroitement sur le répertoire gréco-romain du style Louis XVI.

CARTONNIER. — Le culte grandissant de l'Antiquité a donné naissance, à la fin du règne, à la mode « à la grecque », éprise de formes pesantes et, dans le décor, de lourdes citations archéologiques, même si l'inspiration antiquisante demeure parfois encore fantaisiste. Aux frises, aux têtes de lions, aux trophées d'armes s'ajoute ici un répertoire architectural insistant de cannelures, de grosses volutes renversées en guise de console et le piédestal en forme de tambour du groupe mythologique.

Fauteuil (Paris, musée des Arts décoratifs)

Cartonnier par Dubois, vers 1760-1765 (collection Wallace)

Commode (vers 1770)

Salon ovale de l'hôtel de Soubise à Paris (Archives nationales) par l'architecte Boffrand

Classique dans sa conception d'ensemble par la combinaison d'arcades et d'écoinçons incurvés, ce salon montre assez bien comment en France les fantaisies rocaille ne sont jamais parvenues, ou du moins très rarement, à détruire la cohésion architectonique du décor intérieur. Le contrepoint vigoureux et gracieux à la fois des surfaces colorées des tableaux de Natoire avec les putti en ronde bosse nichés au sommet des panneaux n'a pourtant rien de statique. Il entre même pour beaucoup dans l'orchestration rythmique qui réunit les cartouches de la corniche aux entrelacs rayonnants de la voûte et ce jusqu'à la rosace centrale développée en dentelle. L'unité et le mouvement ininterrompu de ce réseau ornemental échappent cependant à toute dissymétrie, à tout déséquilibre.

Avec le salon du prince au rez-de-chaussée, le salon de la princesse, à l'hôtel de Soubise, demeure parmi les ensembles les plus suggestifs de l'art décoratif de style Louis XV dans les demeures princières.

Le baroque a représenté une tendance très générale. A l'intérieur de cette tendance s'est développé, dans la première moitié du XVIIIᵉ siècle, un style décoratif précis : le « rococo ». Traduction européenne, et principalement germanique, du *goût rocaille* apparu en France avec le style Louis XV, le style rococo a touché aussi, mais dans une moindre mesure, l'Italie du Nord et l'Angleterre à travers le *style Chippendale*.

ROCAILLE. — Elle a été introduite en Allemagne par les publications ou les travaux d'ornemanistes et d'architectes comme Mondon, Lajoux, Cuvilliés. Ces modèles ont fait aussitôt l'objet de contrefaçons ou d'interprétations, à Augsbourg notamment, dans un sens outré et asymétrique ainsi qu'en témoigne cette composition de Klauber.

CARTOUCHE. — Cartouches contournés et asymétriques, bordures déchiquetées, dentelées : tout concourt aux ondulations et aux vibrations qui font du rococo une écriture légère et un art de surface voués au décor intérieur.

PAVILLON DE L'AMELIENBOURG. — A l'influence de l'art versaillais déjà sensible en Allemagne, les architectes français comme La Guêpière ou Cuvilliés ajoutent celle, plus aimable, de Trianon et de Marly qu'ils adaptent au goût local. Ici les frontons sinueux des baies, les chutes insistantes des trophées ou le dôme ouvert en belvédère dépassent à peine par leurs variantes le classicisme issu d'Hardouin-Mansart.

SALLE DES FÊTES DU SCHREITZLER HAUS. — A l'intérieur de ces édifices, en revanche, le style rococo germanique se distingue par l'explosion des formes. Les moulurations, agitées en tous sens, se réduisent à un réseau volatil, dentelé, déchiqueté, sujet aux courbes, aux contre-courbes, aux ruptures et aux enroulements disjoints les plus outrés sur le thème de la rocaille. Cheminées, panneaux de portes, cadres de tableaux et de glaces disparaissent alors sous l'exubérance des chantournements, des ondulations, des vrilles et des entrelacs tirés de la coquille et des formes végétales, qui se détachent en relief doré ou argenté sur des fonds blancs ou clairs.

Cartouche (château de Brühl)

Augsbourg, salle des Fêtes du Schreitzler Haus

Rocaille

Munich, pavillon de l'Amelienbourg (1734-1739)

Église de pèlerinage de la Wies (1745-1754)

Œuvre de Dominique Zimmermann, cette église demeure un exemple caractéristique de l'art décoratif du rococo germanique. Le sanctuaire tire de son plan ovale, qu'éclaire un déambulatoire de forme identique, un effet saisissant de luminosité. A la clarté du coloris d'ensemble s'ajoute le contrepoint aimable des piliers blancs de la nef et des colonnes en stuc bleu et rose du chœur. La profusion légère du décor, les chantournements des oculi et des retombées des voûtes sur les piliers créent un espace continu et ondulatoire jusqu'à l'autel. Sur les parois, le principe dynamique de l'orchestration ornementale ôte toute pesanteur aux formes au profit de la vibration des surfaces. A l'ondoiement des lignes et des moulurations répondent dans un même élan le vol des angelots et la ronde des figures planantes peintes en trompe-l'œil.

Au pesant éclat des matières cher au baroque, la palette rococo oppose une atmosphère lumineuse aux couleurs tendres, blanc, ocre, gris, bleu ciel. Dans la décoration de ses églises, l'Allemagne connaît un rayonnement original grâce à une brillante école de stucateurs et de fresquistes, tels les frères Asam ou les frères Zimmermann. Aux prises avec des vaisseaux ovales et mouvementés, ils animent leurs parois d'une surcharge gaie et pimpante, que complètent la gesticulation des figures en stuc et les architectures feintes des voûtes.

STYLE LOUIS XVI :
ÉLÉMENTS DE DÉCORATION

Le développement du style Louis XVI correspond au triomphe du *néo-classicisme*, apparu dans les années 1770 : mouvement européen qui prend sa source dans une vaste redécouverte de l'Antiquité. Amorcé à la fin du règne de Louis XV, le style Louis XVI est un retour à l'art antique, mais on le voit sous un jour nouveau : on découvre les ruines d'Herculanum et de Pompéi, l'art grec est révélé à la suite d'un voyage d'études par un groupe d'artistes en Grèce et en Asie Mineure. L'imitation de l'Antiquité, à travers « le goût pompéien » puis « le goût étrusque » va se faire de plus en plus précise.

PANNEAU. — Le motif composé d'un vase ou d'une cassolette fumante d'où pendent latéralement des feuillages enrubannés est très fréquent. On remarquera ici les anses qui sont en forme de « grecques » et les angles abattus pour ménager la place d'une petite rosace.

BAS-RELIEF. — Sous forme de frise rectangulaire, le bas-relief à l'antique domine en bronze sur les meubles, en stuc moulé, en marbre, en terre cuite ou en trompe-l'œil sur les dessus de portes, les haies, les attiques, inscrit alors dans des tables renfoncées.

CONSOLE. — D'esprit monumental, le vocabulaire néo-classique emprunte à la grammaire antique ses formes raides et sévères, non sans introduire des variantes. Au triglyphe grec avec ses canaux et ses gouttes, s'ajoute ici la guirlande en forme de « corde à puits », pesante comme une citation.

GUIRLANDES. — Feuilles de chêne, de laurier ou d'olivier se retrouvent souvent réunies en guirlandes.

CROISILLONS ET ENTRELACS. — De chaque côté des glaces ou des portes, les faisceaux de jonc s'élèvent; des rubans entrecroisés sont les liens. C'est dans les panneaux étroits de la décoration intérieure que s'entrelacent les branches de laurier ou d'olivier.

TROPHÉES. — On en distingue deux sortes : ceux de l'amour, carquois, couronnes de roses, torches enflammées, etc., et les attributs rustiques, instruments aratoires, panier d'osier, ruches, etc.

ARABESQUES. — Leur succès tient au prestige des peintures de Pompéi et des grotesques de l'Antiquité et de la Renaissance.

STYLE LOUIS XVI :
ÉLÉMENTS DE DÉCORATION

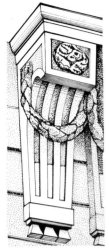

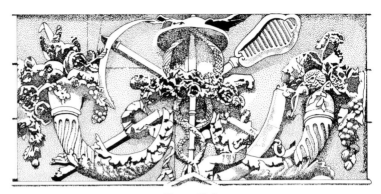

Console (Paris)

Bas-relief

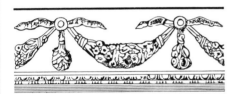

Guirlandes, oves, olives

Entrelacs, croisillons, attributs

Arabesque

Panneau, dessus de porte

BELVÉDÈRE. — Le goût antiquisant de l'époque Louis XVI offre beaucoup de facettes. Ainsi trouve-t-on un néo-classicisme tempéré, chez l'architecte de la reine en particulier, Richard Mique, qui, pour employer un décor d'esprit gréco-romain, n'en demeure pas moins fidèle au style classique d'Hardouin-Mansart et de Gabriel. Cette tradition est sensible ici dans la structure du pavillon d'agrément, ses ressauts, ses pans coupés et le couronnement aimable de sa balustrade. De l'Antiquité, il retient surtout les riches garnitures des frontons de ses baies reposant sur des consoles, les denticules, la frise de guirlandes continue de la corniche, et les reliefs mythologiques inscrits dans des tables. Ailleurs, ce goût peut s'allier avec les ordres et les colonnades chargés de la Renaissance et du baroque, dont on retrouve l'ampleur scénique au théâtre de Bordeaux.

BAGATELLE. — Une seconde tendance, héritée de Palladio, opte pour les volumes simples et élégants de la maison isolée sur ses quatre faces. De plan compact, ces édifices relèvent d'un formalisme raffiné qui associe les refends, les arcades, les ouvertures en serlienne et les niches aux saillies semi-circulaires et à l'éclairage zénithal des salons couverts en rotonde. Sur le modèle de l'Antiquité, ces édifices peuvent se rapprocher davantage de la maison-temple, précédée d'un péristyle à colonnes cantonné à l'avant-corps ou étendu à toute la façade.

THÉATRE DE L'ODÉON. — Inspiré par les thermes romains et les conceptions rationalistes de l'époque, un néo-classicisme sévère opte de son côté pour une architecture sobre et massive. Ses tendances s'affirment dans la nudité des surfaces, l'élimination du décor, le choix du dorique grec archaïque et l'opposition brutale des pleins et des vides, de l'ombre et de la lumière.

BUREAU D'OCTROI. — Cette conception mâle et sévère peut déboucher sur une architecture mégalomane d'esprit préromantique, chez certains visionnaires comme Claude-Nicolas Ledoux. La combinaison des volumes rudimentaires et des appareils rustiques de bossages débouche alors sur des formes d'aspect cyclopéen.

Pavillon de Bagatelle par Bélanger (1777)

**Versailles, Belvédère du Petit Trianon par Mique
(1789)**

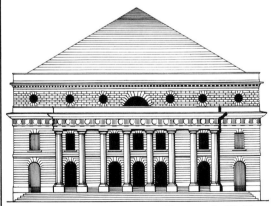

**Paris, théâtre de l'Odéon, par Peyre et de Wailly
(1782)**

Paris, bureau d'octroi par Ledoux (détruit)

SALLE A MANGER. — Remontée à l'hôtel de la Tour d'Auvergne, à Paris, la salle à manger du duc d'Aumont traduit assez bien le style monumental qui demeure sous Louis XVI comme une subsistance du grand goût louis-quatorzien des dernières années du règne de Louis XV. Un goût très Le Pautre pour les saillies, les décrochements, les larges corniches, le jeu vigoureux des frontons rompus, des consoles et des niches, les reliefs puissants des vases, le tout traité avec une ampleur décorative très « grand siècle ». A quoi s'ajoute parfois l'ordonnance majestueuse de l'ordre colossal, à la salle à manger du château de Maisons, par exemple, exécutée par Bélanger pour le comte d'Artois.

CABINET DE LA MÉRIDIENNE. — Sur les lambris des petites pièces, le relief, mince et aplati, se réduit aux bordures des panneaux à une sorte d'entourage léger qui joue discrètement en relief doré sur des fonds pâles, blancs ou vert d'eau. Le vocabulaire ornemental ne retient d'abord de l'Antiquité que des motifs légers et aimables : frises de postes et de grecques, oves, rangs de perles et de rais-de-cœur, palmettes, rosaces, rinceaux, guirlandes de laurier. A quoi s'ajoutent des thèmes sentimentaux et galants : couronnes, rubans, carquois, torches, cœurs ou tiges de roseaux percés de flèches, instruments aratoires parfois traités avec un réalisme piquant.

STYLE POMPÉIEN. — L'influence des arabesques de Pompéi et de la Renaissance donne jour au *style pompéien*. Ce style se reconnaît au graphisme du contour et à la maigreur du relief d'une part, et de l'autre aux motifs nettement antiquisants de sphinges, de griffons, de cornes d'abondance, de vases montés sur trépied, de bas-reliefs en frises, en médaillons au naturel ou à la Wedgwood (blancs sur bleus) et en camées, représentés en stuc et en peinture dans des entourages d'arabesques et de rinceaux. Vers la fin du règne, ce décor pompéien, toujours plus raide, s'intègre dans des divisions géométriques de cercles, d'octogones et de losanges, qui annoncent le style Directoire.

Versailles, cabinet doré de Marie-Antoinette (1783)

Style pompéien (Fontainebleau,
boudoir de Marie-Antoinette, 1785)

Salle à manger du duc d'Aumont

La marqueterie « en mosaïque » et à « jeux de fond » du style Louis XV subsiste. Les bronzes dorés et ciselés, surtout du ciseleur Gouthière, sont admirables; on invente la dorure « au mat ».

FAUTEUIL, LIT. — Les sièges Louis XVI sont les mêmes que les sièges Louis XV : bergère, marquise, etc., seules les formes changent. Les pieds sont droits, souvent cannelés; ils se raccordent à la ceinture par un petit cube à rosace. Les deux principales formes de fauteuils sont ceux « à médaillon » dont le dossier est un médaillon et celui « à chapeau » dont le dossier légèrement cintré rejoint les deux montants par deux décrochements; ces montants sont surmontés d'un panache ou d'une pomme de pin. Mentionnons les chaises de paille ou de rotin à dossier ajouré. Les sièges sont recouverts de tapisserie, de tissus imprimés ou de velours; la soie brochée se rencontre surtout dans les sièges de luxe.

Le lit de milieu, dit « lit à la duchesse » comme le lit de Marie-Antoinette du Petit Trianon qu'on trouvera ici, a.sa partie antérieure « en chapeau ». Baldaquins à pans coupés ou circulaires.

COMMODE. — Dans le but d'éviter une trop grande rigidité de lignes, la plupart des meubles sont à pans coupés; ceux-ci sont ornés le plus souvent de bronzes ciselés. En général, les commodes ont leurs pieds droits en forme de gaine ou « en toupie », comme celle publiée ici qui est conservée à Londres, collection Wallace; mais les pieds arqués terminés en griffes sont assez fréquents. On faisait aussi des commodes en demi-lune, c'est-à-dire en demi-cercle, des « commodes-dessertes » à deux tiroirs et deux étagères, des « commodes-servantes » ouvertes sur trois côtés.

CONSOLE. — Ce terme désigne d'une part une « console-servante » sans fond, avec un seul tiroir et une tablette et, d'autre part, une « console d'applique » en bois sculpté comme ici. On remarquera que les pieds de devant sont droits et ceux d'arrière « en console ».

BRAS D'APPLIQUE. — Le plus souvent il comprend un montant central en forme de gaine et les bras de lumière sont reliés à ce montant par des courbes et des guirlandes.

Parmi les meubles autres que les commodes, on doit citer le « bonheur du jour » qui est une table sur pieds élevés, avec un petit casier en retrait, le « bureau à cylindre », le « secrétaire à abattant », le « guéridon-bouillotte », etc.

Lit « à la duchesse »

Console (palais de Compiègne)

Fauteuil « à chapeau »   Fauteuil à médaillon   Chaise « à chapeau »   Bras d'applique

Commode par Riesener

Hôtel de Salm (palais de la Légion d'honneur)
Paris (1783)
par Pierre Rousseau (1751-1810)

Caractéristique de l'époque Louis XVI par la simplicité et la pureté de ses volumes géométriques, la façade postérieure de l'hôtel de Salm offre un résumé stylistique du néo-classicisme alors en honneur en France. Un néo-classicisme encore à l'échelle humaine, souplement adapté dans la stéréotomie parfaite des volumes, leur élévation réduite, l'abondance des percées et l'éclairage zénithal de la coupole à une habitation d'agrément. Rien de ce côté ne permet de deviner l'échelle grandiose du palais qui se développe sur cour. Comme un Richard Mique ou un Victor Louis, Rousseau pratique ici un néo-classicisme orné. Un ordre corinthien très nourri supporte l'entablement de la rotonde, lui-même surmonté de statues. Des bustes d'empereurs inscrits dans des niches circulaires accentuent de leur contre-point lumineux le rythme des ouvertures, elles-mêmes enrichies de frontons montés sur consoles. Des reliefs antiquisants logés dans des tables renfoncées ajoutent une ponctuation supplémentaire à l'avant-corps demi-circulaire. Mais tout ce décor prend place de manière harmonieuse sur des volumes nets et épurés, le parallélépipède, le cylindre et la sphère, que n'alourdit aucun fronton, aucune toiture apparente, que n'oppose aucune division. Un simple entablement terminé en murette et le jeu uniforme des refends réunit en un tout raffiné les éléments de la composition.

STYLE ADAM (1760-1800)

Grâce à des architectes comme James Wood (ville de Bath), Ware ou Chambers, l'Angleterre a jeté très tôt au cours du xviiie siècle les bases du néo-classicisme. Cette maturation est passée par l'adoption de la leçon de l'Antiquité et du programme des villas-temples de Palladio à l'architecture domestique. Mais seuls, entre 1760 et 1780, les frères Adam sont parvenus à tirer d'une Antiquité, souvent éclectique mais toujours aimable, un système décoratif d'une réelle unité stylistique. Son influence, qui devait s'étendre jusqu'en 1820, a pénétré pour une part la France sous Louis XVI et sous le Directoire.

FENÊTRE. — Provenant de l'ensemble d'Adelphi Terrace (aujourd'hui détruit) élevé par les frères Adam en personne, cet élément est caractéristique de leur éclectisme par l'alliance de la triple ouverture en serlienne, héritée de Palladio, et du motif « en éventail », fréquent dans leur manière. Un de leurs ensembles décoratifs parvenu intact est l'hôtel de Home, Portman Square à Londres.

FRONTON. — Ses guirlandes traduisent bien la légèreté du style Adam allant jusqu'à la maigreur.

CHEMINÉE. — L'alliance des motifs pompéiens et gréco-romains, sensibles ici aux divisions ovales des jambages, à l'emploi de figures de sphinx ailé, de vases et de têtes de bélier, caractérise le style Adam. Le graphisme un peu raide de la composition, la polychromie claire des marbres et acide iront s'accentuant.

COMMODE. — Les modèles de meubles des frères Adam, publiés par leur soin, ont mis à l'honneur les formes droites et en demi-lune, les marqueteries claires enrichies de palmettes, de vases, de médaillons à l'antique, de plaques de porcelaine.

FAUTEUIL. — Lignes étirées jusqu'à la maigreur, pieds minces et fuselés, dossiers « en chapeau » au fond très souvent découpé à claire-voie ou garni de motifs ajourés : telles sont les caractéristiques du mobilier de style Adam que les ébénistes Sheraton et Hepplewhite ont vulgarisées.

Fenêtre

(Londres, maison aux Adelphi)

Fronton

Médaillon

Cheminée par R. Adam (1773)

Fauteuil

Applique

Commode par R. et J. Adam

Style de transition entre l'époque Louis XVI et l'époque Empire, le style Directoire (1789-1799) confronte le goût antiquisant et aimablement « pompéien » des dernières années de l'Ancien Régime aux lignes raides et élancées du style Adam venu d'Angleterre.

MAISON. — Après la parenthèse de la Révolution, l'architecture renoue avec le style antiquisant aimable et souple, déjà en honneur sous Louis XVI, mais dont le néo-classicisme tempéré s'enrichit d'accents palladiens. Loggias en arcade, bossages pittoresques, décors de niches, de frises de palmettes, de rosaces, motifs « en éventail » hérités du style Adam suscitent alors un formalisme aussi raffiné que sous Louis XVI mais déjà un peu plus raide.

BOUDOIR. — La décoration Directoire est très inspirée de l'art pompéien : les minces colonnettes rappellent l'architecture feinte des fresques de Pompéi et d'Herculanum. Mais les divisions géométriques introduites, en vertu des mêmes sources, dans le décor à la fin du règne de Louis XVI s'accentuent sur les vantaux de portes, dans les encadrements de panneaux. Le cercle, l'ovale, le losange, figures alors en faveur, voient leurs proportions s'allonger. On assiste en fait à un étirement général des proportions, des minces colonnettes comme ici jusqu'à l'ornement. Vidé de son relief, ce dernier incline au graphisme, relevé par une polychromie vive et claire. Sur des fonds bleus, jaune pâle, gris, lilas ou puce, bordés de filets rouges ou noirs, se détachent alors des arabesques aux motifs pompéiens enrichies de médaillons, des camées et d'imitations Wedgwood.

PLAFOND. — Le vide, l'aération jouent un grand rôle, en particulier dans les plafonds, gagnés eux aussi par les divisions géométriques. Le centre, garni de draperies réelles ou feintes, peut former un *velum* ou circulaire, une *ombelle* : symbole pompéien qui désigne la tente céleste.

FAUTEUIL. — A la faveur du « goût étrusque » (imitation des peintures de vases grecs), le mobilier, dans son imitation de l'Antiquité, s'inspire étroitement des sièges curules, au piétement en X, et d'éléments architectoniques comme ici.

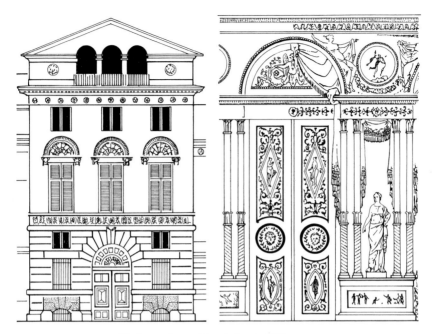

Paris, maison et boudoir par Bélanger

Paris, plafond par Sobre (1796)

Fauteuil par Bruns

Les styles Louis XIV et Louis XVI avaient su dégager de l'antique un art original, des formes et des compositions où l'art gréco-romain n'était qu'un point de départ. Le style Empire (1799-1815) est un néo-classicisme où l'archéologie domine, où l'ornement, gouverné par des compositions géométriques, se fait répétitif et entre dans des combinaisons rigoureusement symétriques. Une conception monumentale et uniforme domine dans la décoration de l'hôtel Beauharnais, à Paris, dont on trouvera ici un plafond. Le charme raffiné du style Louis XVI a disparu ; mais un éclat certain se dégage de cette composition.

Le style Empire a une grande unité ; elle est due à l'influence des deux architectes de Napoléon : Percier et Fontaine qui publièrent des recueils de modèles pour la décoration, les meubles, l'orfèvrerie, etc.

L'inspiration de la nature est très faible et très rare dans les éléments décoratifs du style Empire qui sont puisés le plus souvent dans l'art gréco-romain et le style pompéien.

A l'art gréco-romain sont empruntés, outre les grecques, oves, rais-de-cœur, palmettes, etc., les attributs guerriers : boucliers, glaives, casques, etc. Quelques éléments sont particulièrement fréquents : la couronne à rubans flottants, les aigles debout à ailes déployées, les Victoires tenant comme ici des couronnes, les Renommées soufflant de la trompette, les frises de guirlandes tenues par des enfants ou alternant avec des candélabres. Citons aussi les caducées, les coupes, les amphores. Au style pompéien, on emprunte les palmettes grêles, les trépieds. A la mythologie appartiennent les chevaux marins, les chimères dont les ailes sont terminées en volutes et la queue en rinceaux, les têtes de Gorgones, de Bacchus.

La campagne d'Égypte introduit les sphinx, les cariatides coiffées du Klafft avec souvent les pieds nus, les chapiteaux et les bases décorées de lotus, les hiéroglyphes figurés.

La faune est représentée par les cygnes, les aigles, les têtes de lions. Enfin, les emblèmes de Napoléon sont les abeilles, le N et l'aigle.

Paris, 78 rue de Lille : plafond de l'hôtel Eugène de Beauharnais (1803)

Alors que l'architecture privée se cantonne dans les modèles antérieurs au vocabulaire palladien, ou se réduit dans les immeubles de rapport à des façades uniformes, parfois montées sur arcades comme les immeubles de la rue de Rivoli, l'architecture publique connaît un nouvel essor.

BOURSE. — Le dogme de l'Antiquité impose le recours aux colonnades de la Rome impériale : symbole permanent du nouveau régime. Temple périptère comme ici à la Bourse de Brongniart et à la Madeleine de Vignon, ou simple portique corinthien comme au palais du Corps législatif de Poyet (Assemblée nationale), cette architecture publique se caractérise par le gigantisme des proportions, la nudité et la géométrie des surfaces et l'uniformité des rythmes trop souvent répétitifs sur ces façades immenses. A la Madeleine, Vignon reproduit la charmante Maison carrée de Nîmes mais à une échelle cyclopéenne. A l'Étoile, Chalgrin supprime les colonnes pour donner une assise monumentale à son arc de triomphe, désormais monté sur des piliers massifs.

ARC DU CARROUSEL. — A cet académisme austère et rigide, les architectes officiels du régime, Percier et Fontaine, opposent pourtant une conception plus souple et plus éclectique. A l'imitation de l'Antiquité s'ajoute chez eux celle de la Renaissance et des siècles classiques comme on le verra dans la décoration intérieure. Dans leur arc du Carrousel, ils n'hésitent pas à introduire un sens de la polychromie et un goût pittoresque dans le traitement du détail qui font de cet édifice, à l'échelle volontairement menue, un morceau d'une réelle élégance.

FONTAINE. — Autre pôle de l'œuvre d'édilité de l'Empire, l'architecture utilitaire entraîne la multiplication des fontaines à thèmes allégoriques, égyptisants et exotiques.

Paris, arc du Carrousel par Percier et Fontaine (1806)

**Paris, fontaine du Châtelet
par Bralle (état primitif)**

Paris, palais de la Bourse par Brongniart (1808)

SALON. — La persistance des proportions étirées et de la polychromie du goût pompéien se fait sentir sous le Consulat. De l'époque précédente, cette période retient les minces colonnettes, les arabesques et le graphisme de l'ornement si caractéristiques dans les premières publications de Percier et Fontaine.

SALON DES SAISONS. — Mais déjà l'arabesque se fait moins aérée, moins linéaire. L'ornement gagne en relief et en poids, se soumet à l'ordonnance et à la symétrie générales. La régularité des formes, leur développement répétitif, qui se soumet souvent à des lois de composition géométrique (rameaux rectilignes en arêtes de poisson), entrent de plus en plus dans un décor intérieur de caractère nettement architectural : grandes travées rythmiques de pilastres ou d'arcades. Jadis légères et variées sous le Directoire, les divisions géométriques s'appesantissent et s'unifient.

CHEMINÉE. — Le style de Percier et Fontaine, dans sa maturité, traduit un éclectisme entièrement tourné vers la recherche du faste et des effets grandioses. Cette quête incessante amène les deux hommes à décorer certaines salles du Louvre de cheminées monumentales empruntées à la Renaissance.

PLAFOND. — Ailleurs, grâce à eux, le style officiel annexe l'ampleur décorative du « grand siècle », ses lourds panneaux de portes quadrangulaires, ses plafonds à compartiments et à caissons richement ouvragés, ses entablements surchargés et ses larges voussures. A Compiègne, la voûte à compartiments réapparaît dans la salle des fêtes, associée à l'ordonnance romaine du grand vaisseau basilical; au Louvre les larges perspectives d'arcs et de colonnades. Dans sa recherche de l'effet, l'éclectisme du style officiel dote souvent le décor intérieur de proportions colossales.

**Salon exécuté à Paris
par Percier et Fontaine**

Cheminée par Percier et Fontaine (Louvre)

Paris, hôtel de Beauharnais, salon des Saisons

Plafond par Percier et Fontaine pour les Tuileries (détruit)

D'une façon générale, les meubles du Premier Empire sont impersonnels et donnent l'impression d'une copie fidèle et froide des modèles fournis pour la plupart par Percier et Fontaine. La sculpture ornementale est rare; il existe cependant quelques meubles d'apparat sculptés et dorés.

PSYCHÉ. — Innovée sous l'Empire, la psyché est une glace mobile dans un encadrement fixe; c'est-à-dire qu'on peut l'incliner à volonté. Souvent de forme carrée, elle a parfois la forme ovale comme celle de Marie-Louise conservée au palais de Compiègne, exécutée par Odiot et Thomire sur les dessins de Prudhon. On faisait aussi des psychés portatives à tiroir.

FAUTEUIL. — Les pieds arrière des sièges sont arqués; ceux de devant sont droits, ici, ils reposent sur de hautes toupies. Pour accotoirs parfois des cygnes, des chimères. Souvent les pieds montent du fond jusqu'au bras, au lieu de s'arrêter à la ceinture. Les dossiers, enroulés en arrière, sont plus rares que les dossiers droits.

COMMODE. — La plupart des meubles, tels que les commodes, les secrétaires, les chiffonniers sont à angles droits; ici les pans sont coupés et ornés d'une cariatide. Les bronzes dorés « au mat », à défaut de marqueteries, animent les surfaces; ils ne sont pas toujours aussi abondants que dans cette commode et présentent un beau caractère sévère. On notera dans les bronzes de la partie inférieure les « chevaux marins » si fréquents dans la décoration du Premier Empire.

Les mêmes meubles que durant le style Louis XVI sont adoptés, mais on leur donne un aspect plus austère; ce sont le secrétaire à abattant, le chiffonnier, la console. Les tables sont souvent circulaires avec un pilier central ou trois colonnettes; la base est un triangle à pans concaves. On rencontre aussi les tables rondes reposant sur trois griffons ou trois sphinx ou trois lions monopodes.

Certains meubles Empire sont célèbres : le coffret à bijoux de grandes dimensions, œuvre de Jacob sur les dessins de Prudhon, conservé au palais de Fontainebleau; le berceau du roi de Rome, des mêmes artistes, conservé également à Fontainebleau.

Les plus beaux meubles Empire sont signés Jacob et Jacob-Desmalter.

L'acajou est le bois le plus employé; mais on rencontre aussi l'érable et le citronnier ainsi que la loupe d'orme.

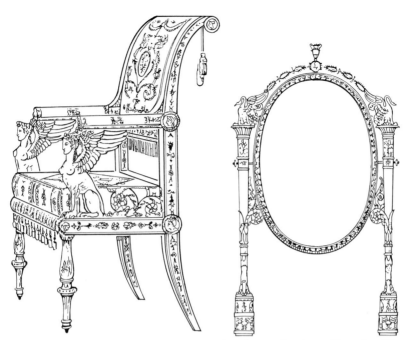

Fauteuil par Percier et Fontaine **Psyché par Percier et Fontaine (Compiègne)**

Commode par Percier et Fontaine

Hôtel de Beauharnais
Salon des Saisons
Paris

Le raidissement des lignes, la symétrie rigoureuse de l'ordonnance, l'unification de la distribution du décor aux thèmes à présent invariablement répétitifs : telles sont les caractéristiques du style Empire, dans le décor intérieur comme dans les autres disciplines. Il assigne à l'aimable néo-classicisme de l'époque Louis XVI une échelle compassée et monumentale. La régularité des formes ornementales, leur développement répétitif plient le répertoire à une stylisation aisément reconnaissable. Rinceaux, palmettes, guirlandes, figures de Victoires ou de Renommées, aigles entament une carrière féconde sur les corniches, les pilastres, les plafonds comme sur les vantaux de portes, disposés le plus souvent dans des combinaisons géométriques. Un mobilier monumental et raide, au décor uniforme d'appliques de bronze, en l'absence de toute mouluration et de toute marqueterie, s'harmonise suivant le même parti pris de symétrie avec le décor mural.

Libéré de la pompe et de la sévérité en honneur sous l'Empire, le style Restauration s'ouvre largement au souci de confort et d'aisance sous l'effet de l'anglomanie et surtout de l'accession de la classe bourgeoise au pouvoir avec la monarchie de Juillet. Des formes plus rondes, plus épanouies, un ornement plus gracieux, plus consistant succèdent à la raideur impériale. En même temps, l'époque substitue peu à peu au culte exclusif de l'Antiquité d'autres modèles comme le Moyen Age puis la Renaissance, chers aux romantiques. Le règne de Charles X, et principalement celui de Louis-Philippe radicalisent ces emprunts aux siècles passés en un amalgame qui débouche sur l'éclectisme.

L'HÉRITAGE NÉO-CLASSIQUE. — Il subsiste à travers le maintien du répertoire gréco-romain, lequel s'assouplit cependant, se dégage de la rigidité impériale. Rangs de perles et de grecques, rosaces, oves, godrons, rais-de-cœur et palmettes se retrouvent en grand nombre, avec les Victoires, les cariatides et les cornes d'abondance, mais dans des compositions vidées pour l'essentiel des emblèmes martiaux de l'Empire. De ce dernier on retient surtout les thèmes naturalistes, lyres aux bras réguliers, étoiles, dieux marins, griffons, cygnes, dauphins, jugés plus pacifiques.

LA FLORE. — Ce goût aimable, qui remet naturellement à l'honneur la fleur de lis, fait le succès de la flore, des fleurs comme des feuillages réunis en bouquet, en guirlande, ou associés à l'arabesque, au rinceau, à la rosace, sur les meubles, les bibelots.

LE DÉCOR A LA CATHÉDRALE. — Déjà sensible sous l'Empire, avec « le style Troubadour », la mode du gothique triomphe à partir de 1820 avec « le décor à la cathédrale ». Rosaces, ogives, arcatures flamboyantes, dentelures et fins pinacles s'emparent alors de l'ornementation et parfois de la forme des sièges, des pendules, des flacons.

L'ÉCLECTISME. — Il rassemble pêle-mêle les candélabres, les rinceaux, les tabernacles ou les culs-de-lampe de la Renaissance, les pieds torsadés et les bossages de l'époque Louis XIII et le style Boulle ou le décor à la Berain du règne de Louis XIV. Ce mélange esthétique va de pair avec une surcharge qui ira croissant.

Motifs floraux (Louvre de Charles X)

Lyre et cygne

Attributs royaux (Louvre de Charles X)

Décor à la cathédrale d'après Chenavard

Décor néo-Renaissance

ÉGLISE DE BERCY. — Le néo-classicisme maintient le succès de la façade-temple et du péristyle communs aux églises, aux hôtels de ville, aux hôpitaux, aux palais de justice. A quoi s'ajoute dans les sanctuaires l'emploi fréquent du plan basilical. La nef et les bas-côtés sont alors séparés par des rangées de colonnes surmontées d'un entablement droit et d'un mur percé ou non de fenêtres, le tout couvert d'un plafond à compartiments ou d'une voûte en berceau garnie de caissons.

HOTEL DE MADEMOISELLE DUCHESNOIS. — L'école de Percier et Fontaine favorise encore une souple imitation de l'Antiquité, élargie par d'habiles emprunts à la Renaissance. Le goût des loggias, traitées en arcade ou en simple linteau, les baies en plein cintre et les niches garnies de statues confèrent un caractère aimable et aéré aux habitations.

LA BIBLIOTHÈQUE SAINTE-GENEVIÈVE. — Le renouvellement de l'école classique prend alors deux aspects : d'un côté une imitation plus approfondie et plus coloriste de l'Antiquité, de l'autre une pensée rationaliste qui prêche l'adéquation des formes à la destination de l'édifice et la soumission du décor aux structures. L'idéal austère du rationalisme, ennemi de tout effet gratuit, est attaché à la lisibilité logique de la distribution intérieure sur la façade. Ces principes triomphent dans cette bibliothèque, édifice qui se présente en même temps comme un des premiers manifestes fonctionnalistes par l'usage des nouvelles techniques. Bien qu'encore dissimulés à l'extérieur, arcs métalliques et colonnes de fonte délimitent entièrement l'espace de la grande salle de lecture.

LE STYLE NÉO-RENAISSANCE. — A la mode du gothique, la monarchie de Juillet ajoute celle des Renaissances italienne et française. Cet immeuble leur emprunte ses arcs en anse de panier, ses piliers traités en candélabre, ses colonnes torses, ses motifs en tondo ou en losange, ses niches, ses médaillons garnis de statues et de bustes.

L'ÉCLECTISME. — Puis l'époque cède au mélange des styles anciens, quitte à associer, comme à la cathédrale de Marseille, dômes byzantins, formules romanes et polychromie de l'art siennois.

Église de Bercy par Chatillon (1823)

**Paris, bibliothèque Sainte-Geneviève
par Labrouste (1843-1861)**

Paris, hôtel de Mlle Duchesnois par Constantin

Cathédrale de Marseille par Vaudoyer

Paris, maison place Saint-Georges par Renaud

STYLES RESTAURATION ET LOUIS-PHILIPPE :
DÉCORATION INTÉRIEURE

LE MUSÉE DU LOUVRE DE CHARLES X. — Le style officiel, tel qu'il est maintenu par Percier et Fontaine, mêle toujours aux ordres antiques, aux trophées, aux figures dans les écoinçons, les prestiges scéniques empruntés à la Renaissance italienne et à l'âge classique (Louvre, escalier sud de la Colonnade). Mais le Louvre de Charles X voit ses plafonds à gorges et à compartiments, ses corniches, ses grands rythmes de colonnes et de pilastres, de goût louis-quatorzien, gagner en pesanteur. Sur ces grandes masses, alourdies par l'usage abondant des marbres, les motifs traités en stuc, rosaces, couronnes, guirlandes, chiffres, reçoivent une mouluration de plus en plus épaisse. Le grand décor louis-quatorzien inspire aussi, dans les bâtiments publics, la renaissance des vastes commandes de peintures. Hémicycles, coupoles, pendentifs, voûtes en cul-de-four ou à pénétrations sont confiés aux meilleurs pinceaux (bibliothèque du Sénat).

LA POLYCHROMIE. — Loin d'avoir disparu depuis le Directoire, le décor pompéien figure toujours, avec ses arabesques, dans le style de Percier et Fontaine. Mais au château de Dampierre, Duban en donne sous Louis-Philippe une application plus archéologique en restituant toute sa polychromie. Les rinceaux, les arabesques, les encadrements géométriques du répertoire pompéien renaissent également à travers la vogue des loges du Vatican de Raphaël : version Renaissance des arabesques et des grotesques dont s'emparent également les ornemanistes du XIXe siècle.

GALERIE NÉO-GOTHIQUE. — Le style gothique règne surtout dans le décor intérieur à partir de 1820. Sur les modèles des décorateurs répondent alors aux chauffeuses et aux bibelots flamboyants des plafonds ou des lambris à rosaces ou à trèfles dentelés et des fenêtres en ogive garnies de vitraux teintés.

L'ÉCLECTISME. — Sous Louis-Philippe, les motifs médiévaux se compliquent de caissons, de pilastres, de candélabres et de médaillons Renaissance auxquels répond dans le mobilier le « style Henri II ». Ailleurs apparaissent des éléments d'esprit XVIIe puis XVIIIe siècle. En même temps, le caractère général du décor, avec la montée de la bourgeoisie, cède au « goût tapissier » épris de capitons, de cantonnières et de voilages.

STYLES RESTAURATION ET LOUIS-PHILIPPE :
DÉCORATION INTÉRIEURE

Musée du Louvre de Charles X

Galerie néo-gothique d'après Chenavard

La polychromie
(salon de Minerve du château de Dampierre par Duban)

STYLES RESTAURATION ET LOUIS-PHILIPPE :
MOBILIER

Encore très antiquisant dans sa conception architecturale, le mobilier demeure fidèle aux supports en pilastres, en colonnes, en consoles, comme aux corniches et aux socles. Mais progressivement, il s'ouvre aux formes arrondies, aux volumes galbés. La mouluration réapparaît de manière discrète.

MARQUETERIE ET INCRUSTATION. — Le retour général aux bois clairs privilégie les tonalités blondes et les effets de loupe. Sur ces surfaces lumineuses, des incrustations de bois sombres (entrelacs, rinceaux, volutes, palmettes, feuilles d'eau) remplacent les garnitures de bronze Empire dont l'emploi se raréfie. Le succès de ces marqueteries et de ces inscrustations de style floral se généralise. Mais à la fin du règne de Charles X, et surtout sous Louis-Philippe, la vogue du mobilier foncé inverse le principe de ce décor. Les motifs incrustés de teintes claires (sycomore, houx, citronnier) se détachent cette fois sur les bois sombres (acajou, palissandre). Ces dernières essences, moins légères, participent de l'alourdissement général qui s'empare alors du mobilier bourgeois, de caractère cossu et confortable.

LES SIÈGES. — Leur dossier, d'abord plan, s'incurve soit légèrement avec les accotoirs en crosse, soit de manière enveloppante avec les formes *gondole*. Ajourés, ils peuvent emprunter les arcatures gothiques, les rosaces et les pinacles du *style à la cathédrale*. Les bras des fauteuils se terminent en volutes, en cols de cygnes ou en têtes de griffons. Les pieds avant conservent les formes en fuseau et en balustre mais, de section carrée, ils finissent par se galber et s'arrondir *en cuisse de grenouille*. Au souci bourgeois du confort, l'époque doit les *chauffeuses entièrement capitonnées* et, sous Louis-Philippe, la création du *fauteuil Voltaire* : siège bas, aux accoudoirs à manchettes, pourvu d'un haut dossier et cambré au niveau des reins.

LES TABLES. — Le décor de marqueterie triomphe sur les plateaux ronds ou à pans coupés des guéridons et sur leur bandeau. Leur succès va de pair avec la vogue des petits meubles d'appoint : tables à ouvrage ou à écrire, travailleuses à abattant, jardinières, coiffeuses à glace ovale, montées sur un piétement en forme de lyre, de S, de consoles, de balustres resserrés ou de bambou.

Motifs de marqueterie et d'incrustation

Chaise à la cathédrale

Chaise gondole

Fauteuil gondole

Fauteuil Voltaire

Coiffeuse

La Chapelle expiatoire
Paris, square Louis-XVI (1816-1826)
par Pierre François Fontaine (1762-1853)

Élevée à l'image d'une nécropole gréco-romaine par un des principaux serviteurs de l'art officiel sous l'Empire, cet édifice demeure fidèle au néo-classicisme austère et pompeux du régime précédent. Derrière le péristyle dorique de la façade, la chapelle étend son plan en croix grecque aux trois bras terminés par une abside en cul-de-four percée d'un oculus. Au centre s'élève une coupole montée sur pendentifs et décorée comme les culs-de-four de caissons. La rigueur des volumes et des surfaces aux murs aveugles, simplement creusés de niches, la simplicité archaïque du plan relèvent du pur néo-classicisme. Mais l'époque Restauration se reconnaît à l'épaississement des moulurations, sur la frise, enrichie de fleurs de lis et de croix de Malte dans les métopes, sur les reliefs alourdis des écoinçons, et surtout sur les grasses et pesantes rosaces inscrites dans les caissons.

L'ÉCLECTISME. — L'imitation des styles anciens, le goût de l'apparat et du confort, la redondance décorative caractérisent l'ornementation sous le Second Empire. Au goût de la variété s'ajoute un éclectisme qui emprunte à tous les modèles et brasse une foule de motifs qu'on imite servilement ou qu'on groupe de manière arbitraire. D'un côté, les classiques, fidèles à l'esprit archéologique, respectent la destination exacte de l'ornement. De l'autre, les éclectiques à l'inverse l'emploient sans respecter sa fonction ni la nature du matériau, jouent sans retenue de la polychromie et des techniques de substitution : dorure à la galvanoplastie, fausse écaille, moulures en carton bouilli, applique en zinc doré, etc. Les uns veillent à la logique de la distribution, les autres procèdent par accumulation.

LE GOUT NÉO-GREC. — En faveur chez les classiques, ce style dérive du décor pompéien déjà en vogue sous Louis XVI, le Directoire et l'Empire, mais s'attache à une imitation plus rigoureuse et plus exacte des modèles antiques. D'où un rejet très net des grasses moulurations chères aux éclectiques au profit de maigres rinceaux, de reliefs délicats de grotesques inscrits dans des médaillons, des losanges et des ovales à l'imitation des peintures de Pompéi.

LE MOYEN AGE. — L'architecture et le mobilier d'église mais aussi le décor profane et les objets d'ameublement sont traités dans le goût gothique ou flamboyant.

LA RENAISSANCE. — Elle l'emporte sur le Moyen Age par la variété de ses compositions ornementales : rinceaux, arabesques, fleurons, médaillons, cartouches et cuirs découpés.

LE STYLE NÉO-LOUIS XIV. — Il correspond au goût ostentatoire de la Cour et des milieux de parvenus. Ses marbres polychromes, ses larges entablements, ses ordres de colonnes et ses corniches saillantes s'allient aux pesantes marqueteries de style Boulle, aux pieds gainés richement sculptés.

LE GOUT LOUIS XVI. — Le « style Marie-Antoinette » est le style de prédilection de l'impératrice. D'où la vogue des fleurs, des bouquets, des rubans, des pieds en carquois, des trophées champêtres, des médaillons Wedgwood, des draperies et guirlandes.

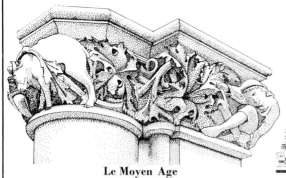

**Le Moyen Age
(château de Pierrefonds par Viollet-le-Duc)**

L'éclectisme (chapiteau de l'Opéra)

**Piétement et décor néo-Louis XVI
d'après Liénard**

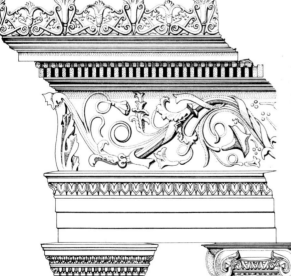

**Piétement de style Renaissance
d'après Liénard**

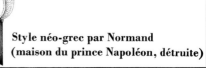

**Style néo-grec par Normand
(maison du prince Napoléon, détruite)**

L'ÉCLECTISME. — L'attrait pour les formes anciennes confine à la redondance dans le cumul et le mélange des styles. L'achèvement du Louvre par Lefuel est prétexte à une surcharge ornementale, souvent gratuite. Les nouveaux pavillons, coiffés de dômes à pans imités du XVIIᵉ siècle, se compliquent de consoles renversées, de bossages vermiculés, de colonnes à bracelet, de frontons interrompus et de statues empruntés à la première et à la seconde Renaissance. L'Opéra de Charles Garnier renchérit sur cette exubérance ornementale en jouant de la polychromie des marbres, des bronzes ou des cuivres de la coupole, et en usant de tous les prestiges scéniques de la Renaissance de Palladio et du baroque. Mais en lui s'affirme en même temps une logique monumentale qui confère au bâtiment assise et cohésion.

LE RATIONALISME. — Opposés à l'amalgame gratuit, les rationalistes cherchent à définir la forme par rapport à la destination de l'édifice et à la nature du matériau. L'alliance de la pierre et du fer répond d'abord à ce principe à la gare du Nord à Paris (par Hittorff), à Saint-Augustin (par Baltard) : œuvres où la pierre impose encore une enveloppe plastiquement et stylistiquement traditionnelle aux charpentes de fer et aux colonnes de fonte. Après Labrouste à la Bibliothèque nationale, c'est surtout Baltard qui donne la première conception d'ensemble de l'architecture métallique aux Halles de Paris. La franche adaptation de ses vaisseaux de métal aux nécessités du programme et aux ressources du matériau relève d'une pensée fonctionnaliste.

LE MÉDIÉVISME. — L'attirance pour le Moyen Age se rencontre à la fois chez les éclectiques et les rationalistes. Mais parmi ces derniers, Viollet-le-Duc, restaurateur entre autres de Notre-Dame, s'est distingué par son radicalisme. Pour lui, le décor doit non seulement se soumettre aux impératifs de la construction et au principe de lisibilité de l'édifice mais revenir à l'authenticité, au naturalisme, par un recours exclusif à la flore et à la faune. A ces principes s'ajoutaient la nécessaire adaptation aux types locaux et un parti pris d'originalité par rapport aux modèles anciens. Ce dernier vœu ne se retrouve pas dans ses propres créations, comme Saint-Denis-de-l'Estrée ou la façade de la cathédrale de Clermont-Ferrand.

Paris, l'Opéra par Garnier (1862-1875)

Bibliothèque nationale par Labrouste
(1862-1868)

Façade de la cathédrale de Clermont-Ferrand
par Viollet-le-Duc

Louvre, porte des Lions par Lefuel

L'accumulation, le foisonnement du décor ne laissent aucune place au vide. A l'entassement des motifs répond une polychromie éclatante et tapageuse, servie par une variété de matériaux qui mêle les marbres aux porphyres, à l'onyx, aux mosaïques, au bronze, aux ors, à l'argent, aux cristaux, aux vitraux, aux lambris incrustés de bois rares ou noircis façon ébène, aux porcelaines peintes et aux laques.

Hotel Paiva. — Le goût néo-Renaissance connaît une nouvelle vogue depuis la restauration du château de Fontainebleau, dans les années 1840. C'est dans ce style que l'architecte Manguin bâtit et orne cet hôtel, servi par des décorateurs et sculpteurs comme Albert Carrier-Belleuse (1824-1887), auteur de cette cheminée. Dans ce morceau, la richesse des matières polychromes (bronze argenté, panneaux en malachite verte, carreaux de faïence) s'allie aux grâces maniérées des deux cariatides lointainement inspirées par l'art bellifontain et celui d'un Jean Goujon.

Salle a manger. — Le goût Henri II y triomphe avec ses plafonds et ses lambris de teinte sombre relevés de cartouches, de chiffres et d'arabesques.

Hotel Pereire. — Le goût du faste entraîne le succès des larges corniches, aux compartiments et aux écoinçons enrichis de riches bordures dans le goût louis-quatorzien. Ces moulurations épaisses, ces saillies pesantes doivent leur règne au staff qui imite aisément le bois sculpté. La galvanoplastie se substitue de même à l'antique travail du bronze doré, la fonte au fer forgé. Dans ces encadrements pompeux s'insère, comme aux xvie et xviie siècles, la grande peinture décorative à thèmes mythologiques et allégoriques.

Alcove. — A l'accumulation des motifs s'ajoute la pesanteur des capitons, des poufs comme des lourdes tentures, alourdies de glands, de franges, d'embrasses. Le capiton triomphe dans la garniture des alcôves, des meubles et jusqu'à l'intérieur des tiroirs.

Tuileries. — A la différence des salles à manger, de couleurs sombres, le décor blanc et or, relevé de trumeaux peints, est réservé aux boudoirs et aux salons. Dans ses appartements aux Tuileries, l'impératrice remet à l'honneur un style Louis XVI très orné.

Tuileries

Alcôve par Verdellet

Hôtel Païva

Plafond de l'hôtel Pereire

Salle à manger de style Henri II

CHAISE ET BUFFET HENRI II. — Depuis Louis-Philippe, la vogue de la Renaissance entraîne un regain d'intérêt pour le noyer, le chêne, pour le hêtre ou le poirier noircis façon ébène. Ces couleurs sombres conviennent aux salles à manger qu'on garnit de velours cramoisis et de meubles sculptés dans le goût Henri II. On trouve de vastes buffets, ou crédences, ornés de colonnes ouvragées, de frontons rompus, de pots à feu, de cartouches découpés et animés de mascarons, de putti et de chimères. Les chaises à dossier raide et court sont garnies de cuir gaufré, estampé ou de toiles imitation cuir.

CHAISE. — Hormis dans les meubles Renaissance, le bois est réduit à un rôle de support de fond en regard de la polychromie et de la richesse du décor et des garnitures. Marqueterie d'étain ou de cuivre, de style Boulle, ou incrustation de nacre sur un fond de vernis noir connaissent un grand succès. A quoi s'ajoutent les techniques d'imitation comme, ici, le carton bouilli, pour les chaises volantes aux dossiers souvent ajourés.

TABLE DE TOILETTE. — A la nacre, aux marqueteries de cuivre et d'étain et aux plaques de porcelaine se joignent le bronze doré, les jaspes, les lapis-lazulis, les colliers de perles : toutes techniques employées dans cette table de style laborieusement Louis XVI. Malgré la perte du miroir, son éclectisme se reconnaît au décor confus de l'entretoise qui associe au dessin insistant de la guirlande un culot de feuilles d'acanthe, un lambrequin Louis XIV et un Amour d'esprit rocaille. La qualité de la ciselure ne masque ni l'aspect composite des chapiteaux à l'arrière ni la complexité gratuite de la ceinture en lapis. Prisées par l'impératrice, les formes Louis XVI se retrouvent dans une foule de petites tables volantes réservées aux femmes.

BORNE ET INDISCRET. — Autre triomphe : le goût « tapissier » pour les riches garnitures, pour les capitons eux-mêmes « juponnés » de franges, de glands, de lambrequins. D'où le succès du pouf, du « confortable », du crapaud, de la « borne » : canapé circulaire doté ou non d'appuis. Le « confident » est un siège à deux places séparées par un dossier en S. On l'appelle « indiscret » lorsque son dossier enveloppant offre trois places.

Buffet Henri II par Liénard

Table de toilette (musée des Arts décoratifs)

Indiscret (musée de Compiègne)

Chaise en carton

Le Grand Escalier de l'Opéra de Paris (1862-1875) par Charles Garnier (1825-1858)

La surcharge décorative, le fouillis ornemental s'accrochent aux chapiteaux ioniques des colonnes accouplées, aux bordures des cartouches flanqués de têtes dans les écoinçons, aux architraves interrompues par des consoles, aux retombées des voussures alourdies de cartouches et de grasses guirlandes. Une conception semblable à celle du théâtre de Louis à Bordeaux a présidé à l'agencement de la porte du premier palier encadrée de cariatides comme à l'ordonnance des grandes arcades débordées par leurs balcons autour de la cage. Mais à la différence de l'esprit néo-classique du modèle XVIIIᵉ siècle, Garnier a traité le thème dans le goût « grand siècle ». Cet éclectisme pompeux est amplifié par la mise en scène baroque des loggias, des arcades, par les courbes et contre-courbes rococo des marches et des rampes, et les réseaux chargés des colonnes Renaissance du soubassement. En dépit de ses emprunts au théâtre de Bordeaux — emprunts interprétés avec une écriture différente — Garnier a donné ici une version magistrale de l'éclectisme triomphant.

Mouvement européen, le style « Art nouveau », à l'encontre de l'éclectisme, procède moins par addition ou par accumulation que par fusion ou par synthèse. Il tend à créer une relation organique entre l'ornement et la fonction de l'objet. Mais son développement très bref, entre 1895 et 1914, a pris selon les pays des aspects très variés.

La ligne « coup de fouet ». — La France, comme la Belgique, voit le triomphe de la ligne asymétrique et de ses jeux contrastés. Ce dynamisme s'exprime plus qu'ailleurs dans le rythme et les contre-rythmes graphiques ou plastiques de la ligne « coup de fouet ». Expression du mouvement et de la vie, à la différence du décor statique de l'éclectisme, l'ornement Art nouveau va s'inspirer étroitement du naturalisme, prêché jadis par Viollet-le-Duc, mais s'affirmer aussi comme symbole de la structure.

La flore. — La première tendance, d'abord exploitée par l'école de Nancy, trouve dans le répertoire végétal et ses ressources linéaires le gage d'une relation intimiste avec la nature. De celle-ci on retient surtout son principe de vie et de fécondité, les boutons de fleurs par exemple, avec une insistance particulière sur l'état organique de la matière. Ondulations, entrecroisements des tiges, effets de surface ronceux, noueux ou mouchetés s'associent à l'évocation, souvent simplifiée, du pavot, du chardon, de la vigne, de l'épi de blé, de l'ombelle, du lis, du volubilis, de l'orchidée et du chrysanthème venu de l'art japonais.

La faune. — Outre les nénuphars, le japonisme met en avant le monde aquatique des libellules, des grenouilles, des papillons; le symbolisme l'emploi de marqueteries écrites.

La femme. — Aux motifs floraux et animaliers, on associe la femme : autre symbole par le sexe et l'ondulation de ses lignes comme de sa chevelure du principe élémentaire de vie.

La tendance a l'abstraction. — A Paris, chez certains artistes comme Guimard, la seconde tendance, moins naturaliste ou moins descriptive, ne tire du monde végétal qu'un graphisme créateur de formes organiques qui tendent vers l'abstraction. La fusion, puis l'unité étroite de l'ornement et de la structure passent alors par des ondulations et des torsions qui plient la matière, fer, fonte, verre ou pierre, à leur but.

STYLE ART NOUVEAU : ÉLÉMENTS DE DÉCORATION

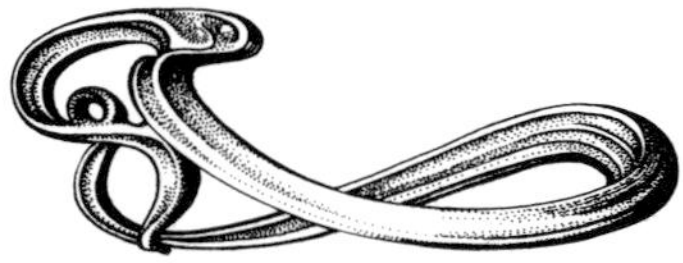

Ligne « coup de fouet »
(Applique de meuble par Majorelle)

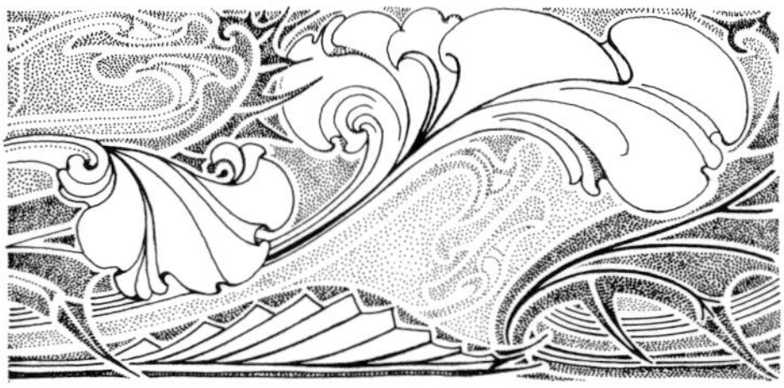

Composition de fleurs par Barberis

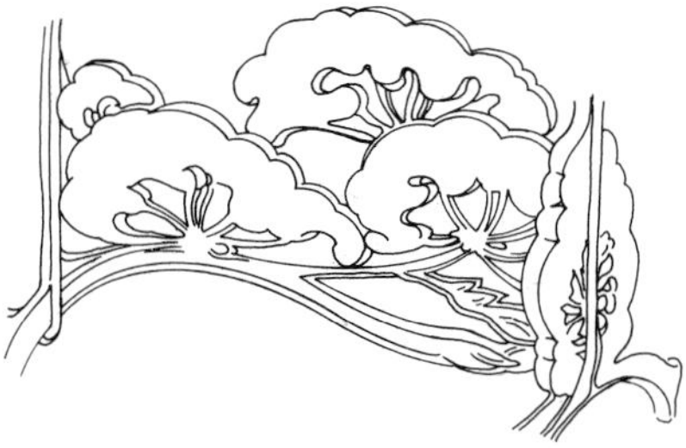

Motifs d'ombelle

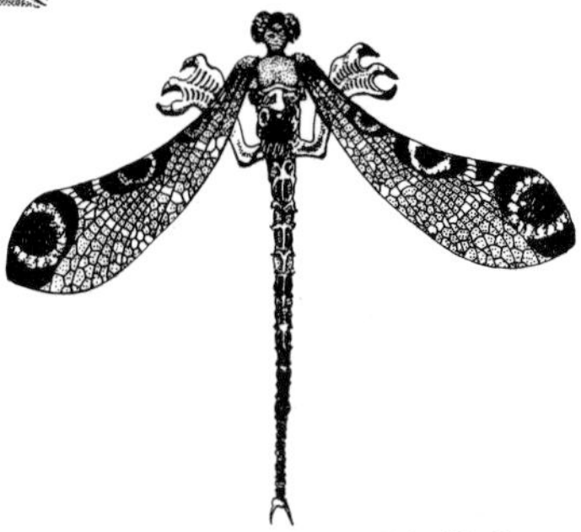

Broche en forme de libellule

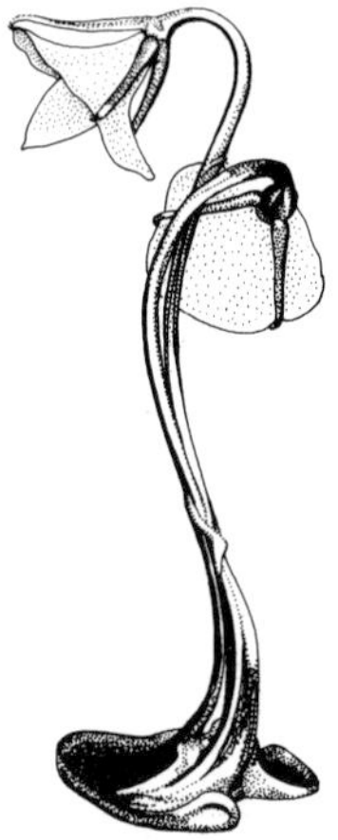

Lampe électrique
par M. Dufrène

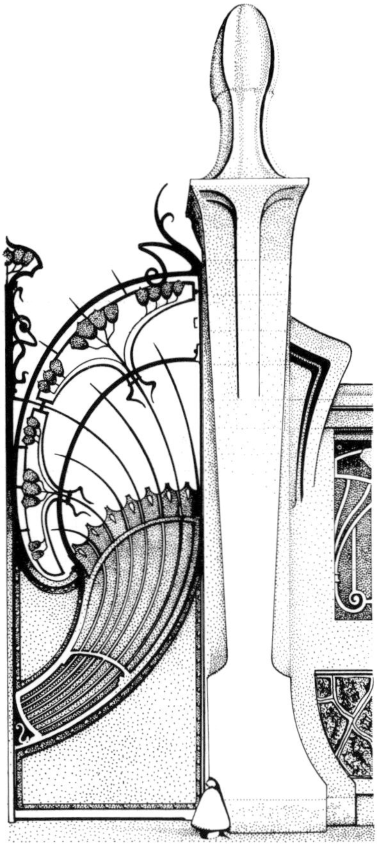

Nancy, portail par Sauvage et Majorelle

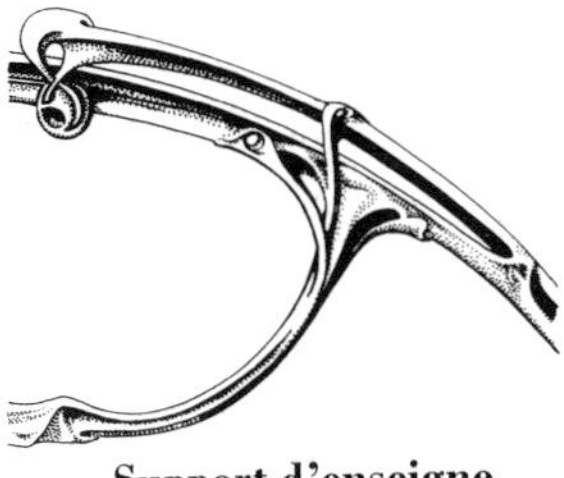

Support d'enseigne
du métropolitain
par Guimard

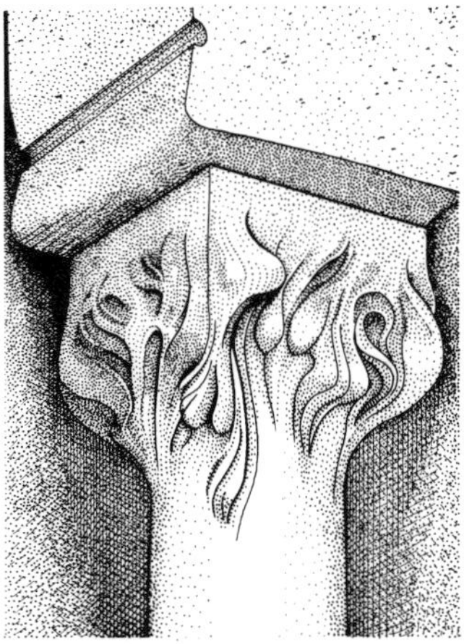

Chapiteau par Guimard

MAISON HUOT A NANCY. — A Nancy, comme dans les arts appliqués, le décor floral l'emporte largement qui s'épanouit sur les façades. L'architecture Art nouveau passe alors par l'affirmation du programme de la « villa ». L'accentuation de la lisibilité du plan entraîne une variation et une rupture de rythme croissantes des percées.

MAISON, RUE LIONNOIS A NANCY. — Toujours en vertu du rationalisme, l'affirmation de l'espace intérieur sur la façade se répercute non seulement sur la distribution et la forme des percées mais aussi sur les volumes et les toitures. Les réminiscences gothiques introduisent en même temps les décrochements des baies terminées par des gâbles, des pignons de lucarnes souvent hors d'échelle, les ondulations molles des meneaux et des arcs en accolade et parfois la présence de tourelles. A ces jeux pittoresques s'ajoutent les saillies des bow-windows.

CASTEL BÉRANGER. — Avec Guimard, l'impératif de combinaison entre architecture et décor débouche sur le dynamisme des lignes et sur l'asymétrie. Cet accord se refuse à des emprunts directs à la nature. Du répertoire végétal ne procèdent que des effets de mouvement et d'ondulation au tracé lyrique et abstrait. La prédominance des qualités organiques de l'ornementation sur ses qualités figuratives passe par le traitement naturel du matériau : la pierre paraît moulée et non taillée, le fer délivré du carcan de la symétrie et du tracé figuratif.

MAISON DU CÉRAMISTE COILLIOT. — L'élévation marque ici une rupture par rapport aux divisions traditionnelles mais au nom de la franche exposition des éléments de la structure. L'évidement de la partie supérieure, l'appui direct de la charpente sur le soubassement, l'ondulation des percées affirment puissamment le dynamisme dû à la plasticité et à l'asymétrie. L'unité formelle naît de la tension entre les éléments stables et les éléments asymétriques.

ENTRÉES DU MÉTROPOLITAIN. — Fusion achevée de la forme, du décor et de la structure, ces entrées réalisent une harmonie étroite entre l'expression symbolique et l'expression pratique de la fonction. Cette alliance heureuse passe par une exploitation plastique de la fonte et du verre dans une veine dynamique, naturelle mais non figurative.

Nancy, maison rue Lionnois par Weissenburger

Paris, Castel Béranger
par Guimard (1894-1898)

Nancy, la maison Huot par André
(1902-1903)

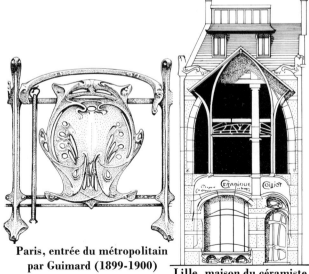

Paris, entrée du métropolitain
par Guimard (1899-1900)

Lille, maison du céramiste
Coilliot par Guimard (1898-1900)

SALLES A MANGER. — Dans le décor intérieur, on fait un grand usage du bois : corniches, encadrements de cheminée, plafonds, trumeaux et lambris reçoivent parfois d'amples moulurations dans le nouveau style. Après une phase rectiligne, le sculpteur Alexandre Charpentier se distingue par une invention rythmique et un sens plastique d'un effet très monumental. A Nancy, Eugène Vallin opte pour des formes plus lourdes, plus pesantes, caractéristiques par leur mouluration grasse et insistante, sur le thème végétal, et la massivité des piétements. La sculpture ici rejoint le plafond, soit par larges nervures, soit en faible relief de fruits et de fleurs sur les lambris.

PROJET DE SALON. — Plus raffiné, Georges de Feure opte pour des formes raides et des lignes qui s'inspirent pour l'essentiel du style Louis XVI. Malgré leurs nombreuses nervures et l'étirement surtout graphique de leurs compartiments, ses ordonnances intérieures demeurent fidèles aux conceptions traditionnelles. A quoi s'ajoute un goût marqué pour le mobilier doré et les laques. Avec de Feure, la stylisation l'emporte sur le naturalisme. Il plie les ondulations végétales à des états bizarres, pour ne pas dire morbides. Ses dossiers étranges de canapé en ailes de papillon se dégagent presque insidieusement des modèles.

RAMPE D'ESCALIER. — Le principe d'unité formelle prôné par l'Art nouveau entraîne l'exploitation de tous les matériaux dont le fer forgé. Majorelle plie en virtuose ce dernier au répertoire floral et aux lignes sinueuses alors en honneur.

CASTEL BÉRANGER. — Pour Guimard, la définition d'ensemble des objets par rapport à l'espace est à la base de toute décoration intérieure. Cet impératif d'unité formelle oblige l'architecte à concevoir le moindre détail de l'édifice, de la ferronnerie au mobilier. Ainsi retrouve-t-on à l'intérieur de l'édifice son graphisme ondulatoire et abstrait ainsi que ses oppositions de volume et de matière. Un mobilier gracile et stylisé oppose par exemple sa souplesse à la pesanteur d'une cheminée, aux matériaux épais. Dans ses intérieurs, Guimard a utilisé un des premiers la brique de verre comme parement.

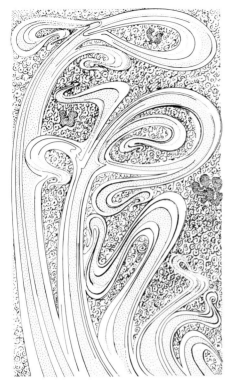

Castel Béranger par Guimard

Rampe d'escalier par Majorelle

Salle à manger par Charpentier (Paris, musée d'Orsay)

Projet de salon par De Feure

CHAISE ET TABLE. — L'école de Nancy, sous l'influence de son fondateur Émile Gallé, mêle le naturalisme floral au japonisme et aux réminiscences rococo. L'inspiration florale tend à la simplification et à la stylisation, les raccords et les dossiers : pieds de table « libellule » ou « cep de vigne »; dossiers ajourés en « ombelles » — son motif préféré. Avec Gallé, le naturalisme triomphe dans les appliques de bronze et sur les surfaces planes, traitées en marqueterie ou en incrustation de bois. Le japonisme suscite le goût du vide, des structures légères et fragiles « en bambou ». Outre la mode de l'écriture verticale dans les meubles incrustés de signatures ou de poèmes, le japonisme influence largement le style de composition des marqueteries. Dans l'ensemble les créations de Gallé conservent la structure traditionnelle des meubles du XVIIIe siècle. Mais le décor naturaliste ou symboliste, trop insistant, en masque parfois l'architecture sans logique.

GUÉRIDON. — Cette surcharge se fait plus discrète chez Majorelle, autre créateur de l'école de Nancy, dont les meubles conservent une pureté de lignes et de proportions conforme à l'ébénisterie ancienne. Les accents néo-Louis XV demeurent sensibles, y compris dans les garnitures de bronze. Généralement sur le thème du nénuphar ou de l'orchidée, l'ondulation plastique de ces appliques se réclame toutefois de l'Art nouveau.

VITRINE A BIBELOT. — Un rythme commande la conception d'ensemble du meuble et le jeu des lignes. Souplesse, dynamisme, sens plastique et sobriété du décor : telles sont les qualités de Gaillard, rationaliste épris d'un symbolisme structurel qui l'apparente parfois à Guimard.

MEUBLE D'ANGLE, CHAISE ET TABLE. — Une réelle invention plastique se dégage des meubles de Guimard. L'unité de la forme tient à un sens rythmique étendu à tous les éléments de l'objet, à toutes les ondulations. L'épuration des lignes et des contours entraîne une asymétrie que neutralise, non sans virtuosité, l'harmonie rythmique de l'ensemble.

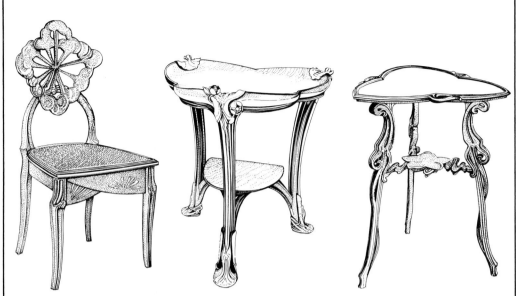

Chaise « à ombelle » par Gallé

Guéridon par Majorelle
(Paris, musée des Arts décoratifs)

Table « nénuphar »
(Paris, musée des Arts décoratifs)

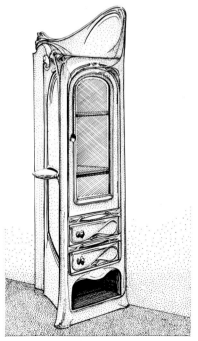

Vitrine à bibelots par Gaillard

Meuble d'angle par Guimard
(Paris, musée des Arts décoratifs)

Villa Flore
122, rue Mozart, Paris (1909-1912)
par Hector Guimard (1867-1942)

Pour sa propre maison, construite sur un périmètre restreint, l'architecte Guimard a opté pour une tension organique plus molle. Le jeu des courbes, des draperies, des ornements côtelés et la variété des ouvertures compensent l'asymétrie introduite par la lourdeur des étages supérieurs et des toitures par rapport aux parties basses. Les contrastes de matériaux se réduisent à des jonctions subtiles entre la brique et la pierre autour des ouvertures. Les oppositions de volume se ramènent à la tourelle élevée hors œuvre et coiffée d'une toiture indépendante. Selon les principes de Guimard, la décoration, vidée de tout caractère figuratif, s'épanouit en une combinaison plastique et graphique qui se veut organique, traduction de la structure et de la nature du matériau : pierre comme moulée et non taillée, boiseries des fenêtres distribuées en branchages.

·LA GÉOMÉTRISATION. — L'avènement du style Art déco, consacré à Paris par l'exposition internationale des Arts décoratifs de 1925, correspond à un recul sensible du répertoire végétal. Aux ondulations linéaires inspirées par la flore se substituent des combinaisons de formes géométriques. Ce parti pris de géométrisation tient à l'incidence sur les arts décoratifs du *cubisme :* mouvement pictural puis sculptural attaché à une recherche analytique et objective de la forme. Mais, d'une manière générale, l'influence du cubisme ne consistera qu'en une géométrisation superficielle du décor traditionnel. Exception faite de quelques décorateurs et architectes d'avant-garde chez qui l'emporteront les imbrications d'angle et le graphisme géométrique. Chez certains, le dépouillement des surfaces ira de pair avec une prédilection pour l'angle droit, pour les couleurs primaires et les formes élémentaires, cercle, rectangle, triangle, en accord avec les recherches picturales du néo-plasticisme et du constructivisme. Autre mouvement artistique, le *futurisme*, exaltation de la vitesse et de la machine, accentue la simplification des formes et les recherches sur le mouvement.

ART NÈGRE. — Lié à l'apparition du cubisme, le succès des arts africains suscite l'emploi des lignes brisées, des spirales, des formes totem, celui de l'ébène, des laques sombres.

MOTIFS DE FRUITS ET DE FLEURS. — Bien que fortement stylisés et transposés dans le goût cubiste, les roses, les fruits subsistent en grand nombre, regroupés en bouquets, en guirlandes, en corbeilles ou réunis par un linge. Leur renouvellement profite également de la libération de la couleur introduite par le *fauvisme*, mouvement pictural épris de tons purs et de larges aplats décoratifs.

JET D'EAU. — Thème favori, il entre pour beaucoup, avec les palmes, les éventails et les plumes dans les compositions de style « Mille et une Nuits » introduites par les sujets et les décors des ballets russes.

L'ANTIQUITÉ. — Elle subsiste avec ses figures mythologiques, ses litières, ses supports de table en forme d'animaux affrontés mais aussi à travers ses ordonnances architecturales dont le succès ira croissant dans les années 1930.

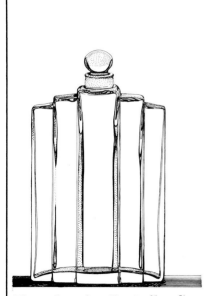

Flacon de parfum d'après Chevalier

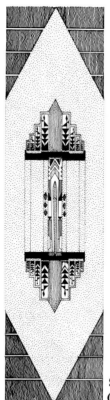

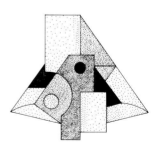

Géométrisation

Pendentif cubiste par Cassandre

Boutons de porte

Style nègre
(projet de tapis par Milkos)

Compositions de fleurs et de fruits
d'après Stéphany

Guirlandes et corbeilles
d'après Stéphany

Jet d'eau d'après Brandt

HOTEL D'UN COLLECTIONNEUR. — Ce pavillon de l'exposition de 1925 est caractéristique du goût néo-classique qui persiste à l'époque. Malgré ses concessions aux formes géométriques et au dépouillement des surfaces, caractéristiques des « années vingt-cinq », l'édifice demeure fidèle aux conceptions de la fin du XVIIIe siècle par la saillie demi-circulaire du salon, couronnée d'un relief inscrit dans une table, et par ses portiques latéraux montés sur colonnes.

PAVILLON POMONE. — L'emboîtement gratuit de volumes élémentaires, sans lien avec les nécessités du plan, la virtuosité plastique et le décor raffiné des surfaces planes traduisent ici une vulgarisation du « style cubiste » à la recherche exclusive de l'effet. En architecture, l'exposition de 1925 s'est surtout cantonnée dans ce style décoratif géométrisant.

VILLA MARTEL. — L'œuvre de Mallet-Stevens (à Auteuil en particulier) représente l'expression aboutie des conceptions monumentales du style 1925. L'architecture cubique y trouve une conception totale dans sa masse et ses rapports harmonieux entre la forme extérieure et les impératifs de plans et de dégagements intérieurs de l'espace. La disparition du décor, l'imbrication réfléchie des volumes élémentaires et des surfaces gouvernées par les horizontales et les verticales relèvent d'une grande maîtrise. En même temps, le jeu des emboîtements et des décrochements, soumis à la complexité du plan, suscite un dynamisme et un sens des proportions qui dans leur raffinement plastique assimilent l'architecture à la sculpture.

PAVILLON DE L'ART NOUVEAU. — Opposés au cubisme qu'ils jugent encore trop décoratif, Le Corbusier, Jeanneret et Ozenfant prônent l'intérêt esthétique de l'industrialisation par « l'élément standardisé ». Selon eux, le module est facteur d'unité et non d'uniformité. Ces conceptions entraînent l'utilisation systématique des techniques nouvelles, comme le béton armé dont l'ossature autorise une grande liberté de plan et l'usage du toit-terrasse. Le groupe opte aussi pour l'intégration de la nature à la vie urbaine et domestique.

Hôtel d'un collectionneur par Patou
(1925)

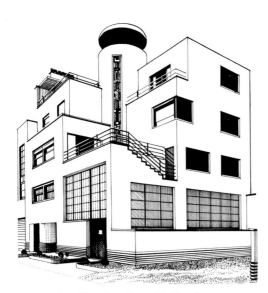

Paris, villa Martel par Mallet-Stevens
(1925-1926)

Pavillon Pomone par Boileau (1925)

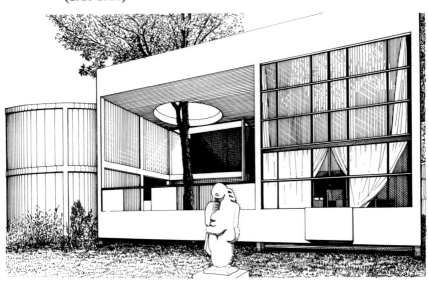

Pavillon de l'Esprit nouveau par Le Corbusier, Ozenfant et Jeanneret (1925)

SALLE A MANGER. — Cossus, raffinés, riches des prestiges de la laque, du fer forgé et des placages de bois précieux, les décors de Ruhlmann conservent les caractéristiques de ses meubles. Comme ces derniers, ils se résument à une habile transposition ou adaptation au goût 1925 du confort et de l'esthétique d'époque Louis XVI, de caractère souvent monumental. Il faudrait citer bien d'autres décorateurs demeurés fidèles aux conceptions traditionnelles, comme Paul Iribe, André Groult, ou Süe et Mare, fondateurs de la compagnie des Arts français.

CHAMBRE A COUCHER DE JEANNE LANVIN. — Ce décor demeure une riche expression de l'éclectisme de Rateau qui mêle les motifs 1925 (arceaux, palmes, marguerites stylisées) aux urnes, aux faisans en bronze patiné de l'Antiquité ou de l'Orient.

PROJET DE HALL. — La prise de conscience, après-guerre, de l'évolution des modes de vie, notamment de l'exiguïté de l'espace dans l'habitat urbain, suscite de nouvelles conceptions d'ensemble basées sur des principes d'aération, de dégagement et de simplification. A quoi s'ajoute le recours aux nouvelles possibilités techniques : parois coulissantes, éclairage extérieur par l'intermédiaire d'une façade en dalle de verre, à la maison du Dr Dalsace (1928-1931). Partisan d'un ameublement incorporé dans l'architecture, Francis Jourdain se prononce pour une réduction du décor et du mobilier au strict nécessaire au nom d'un équilibre parfait entre les divers éléments, conçus pour être exécutés de manière industrielle. Sous l'égide de l'Union des Artistes modernes, fondée en 1930 par Mallet-Stevens, Raymond Temple, Francis Jourdain et d'autres artistes, ce milieu laissera apparaître le processus de fabrication et la nature spécifique du matériau, dans des intérieurs de plus en plus gagnés aux formes géométriques de l'architecture.

PAVILLON DE L'ESPRIT NOUVEAU. — Fidèle au principe de standardisation, Le Corbusier supprime les meubles qui ajoutent des formes supplémentaires à l'architecture. Il leur substitue des casiers métalliques qui « font architecture » tout en remplaçant le mobilier de rangement traditionnel (bahut, desserte, armoire). Sièges et fauteuils sont conçus selon une production industrielle de série qui répond à des impératifs de coût minimal.

Chambre à coucher de Jeanne Lanvin par Rateau
(Paris, musée des Arts décoratifs)

Salle à manger par Ruhlmann

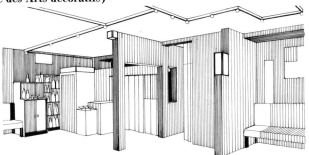

Projet de hall par F. Jourdain

Pavillon de l'Esprit nouveau par Le Corbusier (1925)

CHIFFONNIER ET COIFFEUSE. — Souple adaptation au goût du jour de l'ébénisterie de la fin du XVIIIᵉ siècle, les meubles de Ruhlmann, malgré leur industrialisation, se réclament d'une conception artisanale par leur finition et leur luxe. Ils se caractérisent par l'élégance raffinée des lignes, des pieds en fuseau à pans coupés ou cannelés qui prolongent la courbe des montants, et par le soin apporté au choix du matériau : bois aux teintures chaudes, filets d'ivoire linéaire ou en losange, galuchat.

BERGÈRE. — A la suite de Ruhlmann, Groult, Iribe, Leleu transposent le style Louis XVI à travers des créations rondes et épanouies. De leur côté, Süe et Mare remettent en honneur les formes Louis-Philippe par l'ampleur et la solide cohésion de leur production.

CHAISE ET ARMOIRE DE STYLE NÈGRE. — Bien qu'adepte de la géométrisation et des volumes élémentaires, Legrain ne souscrit pas aux tendances architecturales de l'avant-garde. Ses meubles « cubistes », par le luxe de leur matériau et leur aspect « pièce unique », tournent le dos au credo en l'art industriel et en l'adaptation au cadre architectural. Avec Marcel Coard ou Guévrékian, il opère plutôt une jonction, entre le cubisme et la vogue des arts africains par son goût pour les laques et les palissandres sombres, les bois de palmier, les garnitures de parchemin, les formes inspirées des tabourets de cérémonie et la sculpture.

BUREAU. — Concevant le meuble en constructeur et en architecte, et donc en étroite liaison avec sa fonction et son cadre, Chareau opte pour l'agencement de volumes purs dont la matière soignée exclut l'ornement. Il fait œuvre de novateur par ses pupitres inclinés latéralement, le décrochement de la tablette à vantaux coulissants et le dépouillement des formes.

FAUTEUIL. — Étroitement dépendant aussi pour Mallet-Stevens de sa fonction et de l'espace intérieur, le mobilier épouse les formes géométriques inhérentes à l'architecture. Son exécution en métal peint ou en tube d'acier nickelé préfigure déjà la rupture qu'opéreront « les années trente » avec le style Art déco.

**Bergère gondole par Groult
(1925, Paris,
musée des Arts décoratifs)**

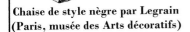

Chiffonnier par Ruhlmann

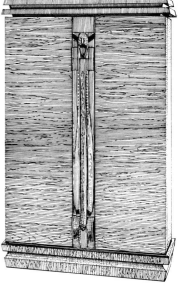

**Armoire de style nègre par Coard
(Paris, musée des Arts décoratifs)**

**Chaise de style nègre par Legrain
(Paris, musée des Arts décoratifs)**

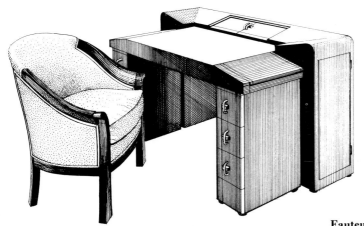

Bureau par Chareau (Paris, musée des Arts décoratifs)

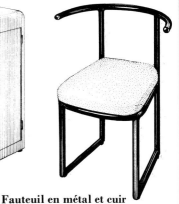

**Fauteuil en métal et cuir
par Mallet-Stevens
(Paris, musée des Arts décoratifs)**

Bureau-bibliothèque
Projet par Pierre Chareau (1883-1950)

Conçu pour le pavillon de l'*Ambassade française* de l'exposition des Arts décoratifs de 1925, ce bureau-bibliothèque résume assez bien les tendances stylistiques de l'époque Art déco. D'abord la fidélité dans le mobilier aux formes de la fin du XVIIIe siècle, avec ce fauteuil en forme gondole comme une bergère Louis XVI, mais simplifiée, rajeunie, bref adaptée au goût du jour. Ensuite, et toujours dans le mobilier, une exigence rationaliste, cette fois à l'origine du renouvellement des formes et des matières, avec le bureau aux pupitres latéraux disposés en plans inclinés pour éviter tout encombrement de papiers, aux poignées en acier poli, aux armoires latérales en saillie ouvrant sur le côté. Innovations pratiques qui n'excluent en rien le luxe de la finition et des matières : le bureau est en placage de palissandre sur acajou et chêne. Le classe-lettres dissimulé par des vantaux coulissants au centre est gainé de peau de porc. Enfin, dans sa structure, le volume circulaire de la pièce se prête à une souplesse de combinaisons remarquable. Les parois de la bibliothèque disparaissent à volonté sous des panneaux coulissants en bois de palmier. Deux piliers soutiennent une coupole que peut obturer, dans les moments d'intimité, un plafond à lamelles également coulissantes, disposées selon une composition rayonnante, qui fonctionne de pair avec une partie des lambris. L'exigence fonctionnaliste rejoint ici et se confond avec un esthétisme raffiné.

CRÉDITS PHOTOGRAPHIQUES

TABLE DES MATIÈRES

LA GRAMMAIRE DES STYLES

La collection **La grammaire des styles** a été l'instrument de travail quotidien de générations d'enseignants, d'historiens, ou de simples amateurs d'art, à cause de la clarté de l'exposé, de la précision des informations et de la juxtaposition harmonieuse de l'illustration et du texte.

Tout en conservant les éléments qui ont fait l'immense succès de la collection, cette nouvelle édition présente, dans une mise en pages moderne, de nouveaux textes correspondant à l'état actuel de l'histoire de l'art et une iconographie entièrement renouvelée.

* A paraître

Achevé d'imprimer en novembre 1993,
sur les presses de l'Imprimerie de l'Indre, à Argenton-sur-Creuse
N° d'éditeur : 0717 - Dépôt légal : novembre 1982 - N° d'imprimeur : 16292
Imprimé en France